Lügen- und Egoismus-Knigge ²¹⁰⁰

Überleben durch Flunkern, Schummeln und Täuschen!
Macht, Respekt, Wertschätzung?
Lebenslüge und Lebensschutz

Horst Hanisch

© Dritte Auflage 2025 by Horst Hanisch, Bonn

© Zweite Auflage 2020 by Horst Hanisch, Bonn

© Erste Auflage 2016 by Horst Hanisch, Bonn

Bibliografische Information der Deutschen Nationalbibliothek: Die Deutsche Nationalbibliothek verzeichnet diese Publikation in der Deutschen Nationalbibliografie; detaillierte bibliografische Daten sind im Internet über dnb.dnb.de abrufbar.

Der Text dieses Buches entspricht der neuen deutschen Rechtschreibung.

Idee und Entwurf: Horst Hanisch, Bonn

Lektorat: Alfred Hanisch, Bonn †; Annelie Möskes, Bornheim

Buchsatz: Guido Lokietek, Aachen; Horst Hanisch, Bonn

Umschlag: Christian Spatz, engine-productions, Köln; Horst Hanisch, Bonn

Zeichnungen: Horst Hanisch, Bonn

Verlag: BoD · Books on Demand GmbH, In de Tarpen 42, 22848 Norderstedt, bod@bod.de

Druck: Libri Plureos GmbH, Friedensallee 273, 22763 Hamburg

ISBN: 978-3-7597-6908-4

Lügen und Egoismus-Knigge 2100

Überleben durch Flunkern, Schummeln und Täuschen!
Macht, Respekt, Wertschätzung?
Lebenslüge und Lebensschutz

Horst Hanisch

Die Wahrheit hat ihren Preis

Inhaltsverzeichnis

Inhaltsverzeichnis

Prolog

„Wer einmal lügt ..."

„Der Egoismus lenkt alle unsere Taten."
Johan August Strindberg, schwed. Schriftsteller
(1849 - 1912)

„... dem glaubt man nicht."

Liebe Leserin, lieber Leser,

Wer sich umschaut und umhört wird feststellen, dass viele Menschen nicht davor zurückschrecken, Lügen in die Welt zu setzen.

Kann es sein, dass Lügen seit Ewigkeiten zum Leben gehören? Wird die Gesellschaft egoistischer und sucht sich durch immer neue Lügen einen Vorteil?

In unseren Ratgebern rund um das Thema ‚Lebenseinstellung' (siehe auch Aberglaube-Knigge [2100], Angst-Knigge [2100] und Glücks-Knigge [2100]) betrachten wir, wie Fremdeinflüsse auf das Leben eines Menschen einwirken und wie er sein eigenes Leben im Idealfall optimieren kann.

Die Themen in diesem Ratgeber sollen zum Überlegen und zum Reflektieren der eigenen Lebensstrategie anregen.

Im vorliegenden Buch wird sich schwerpunktmäßig den Themen Lüge und Wahrheit gewidmet.

Bei der Recherche zu diesem Thema habe ich verschiedenen Personen die Frage gestellt, ob sie lügen. Oft erfolgte erst ein entrüstetes „Nein", dann ein Lächeln, gefolgt von einem „Na ja".

Kurz darauf wurde dem Befragten klar, in wie vielen Situationen er tatsächlich zur Lüge neigt; gewollt und ungewollt.

Eine kleine Notlüge ist doch erlaubt, oder? Oder wie sieht es mit einer Lüge zum Selbstschutz aus? Gelten schummeln beim Brettspiel oder mogeln in der Werbung als eine Lüge?

Bis wann hilft die Lüge dem sozialen Zusammensein? Ab wann bewegt sich der Lügner im strafrechtlichen Bereich?

Kann ein Mensch ohne Lügen überhaupt leben? Oder ist es gar so, dass der Mensch angelogen werden will? Wäre das ein erschreckender Gedanke oder ist es doch ein guter Weg, um Frieden zu wahren?

Lügt der Mensch immer mehr, weil er egoistischer wird, oder gehört Lügen zu seiner angeborenen Natur?

Wird die Menschheit tatsächlich immer egoistischer – und lügt deshalb mehr und mehr? Belügt sich jemand selbst, um sich in einer besseren Welt zu wähnen? Baut er sich gegebenenfalls sogar eine Lügenwelt auf?

Das sind bereits einige der Überlegungen, die es zu überdenken gibt.

Der große Themenbereich Lügen und Egoismus ist in 5 Kapitel gegliedert:

- Die fast alltägliche Lüge
- Die böse Lüge
- Die selbstbetrügende Lebenslüge
- Der respektlose Egoismus
- Die entlarvende Wahrheit

Die Überschrift Egoismus deutet an, dass auch ‚dunkle Seiten' das Leben beeinflussen, sodass es sogar zur Lebenslüge kommen kann.

Ich wünsche den Leserinnen und Lesern viel Spaß beim Durchblättern des Buches (das ist keine Lüge) und würde mich freuen, wenn der eine oder andere Hinweis zum Nachdenken und gegebenenfalls zum Handeln anregt.

Horst Hanisch

Hinleitung zum Thema

Gehören Lügen zum täglichen Kampf ums Überleben?

„Die überragende Zukunftsfrage ist das Überleben der Schöpfung."
Richard Karl Freiherr von Weizsäcker, dt. Bundespräsident
(1920 - 2015)

Lug und Betrug

Um es gleich deutlich zu betonen: Auf viele der aufgeworfenen Fragen wird es keine vernünftige Antwort geben können. Unzählige Sozialpsychologen, Wissenschaftler und Forscher versuchen herauszufinden, weshalb sich ein Mensch so und nicht anders verhält. Ob sie jemals eine Antwort finden werden?

Im vorliegenden Text werden verschiedene Denkanstöße und Tipps gegeben, wie das zwischenmenschliche Verhalten optimiert werden kann. Deshalb passt dieses Buch wunderbar zu den Knigge-Ratgebern.

Die gesamte gesellschaftliche Menschheit zu verändern, dürfte kaum in der Macht eines Einzelnen sein; es ist auch nicht das Ziel des Buches.

Allerdings können Sie, liebe Leserin, lieber Leser, durch eigenes Vorleben zu dem einen oder anderen Themenbereich, Ihr soziales Umfeld entsprechend (positiv) beeinflussen.

Das wäre zumindest in einem Leben voller Lügen, Aggressionen, egoistischen Verhaltens und anderer ‚Unschönheiten' lobenswert.

„Ich bin am wichtigsten – die anderen sind mir egal!"

Zum Thema wurden folgende Beispiele gefunden, die sich in den Wochen der Manuskripterstellung zur Erstauflage des vorliegenden Buches zugetragen haben. Sie sind willkürlich gewählt.

Gewalt

Ein junger Mann lädt am 22.07.2016 via soziale Medien andere junge Leute zu einem Schnellrestaurant in München ein. Nachdem einige Leute gekommen sind, schießt er dort wild um sich und tötet mehrere unbeteiligte Personen.

Am französischen Nationalfeiertag (14.07.2016) rast in Nizza ein Mann mit einem Lkw auf der Promenade des Anglais absichtlich in fröhlich feiernde Menschen. Mindestens 84 Menschen kommen dabei ums Leben.

Ein 17-jähriger wird am 07.05.2016 in Bad Godesberg grundlos niedergeschlagen und gegen den Kopf getreten. Der Jugendliche stirbt vor Ort.

An unzähligen Plätzen dieser Erde glauben geführte oder selbst ernannte Kämpfer das Recht zu haben, andere Menschen zu belügen, zu überfallen, anderen ihr Hab und Gut wegzunehmen, sie zu drangsalieren, zu vergewaltigen, zu verletzen oder gegebenenfalls zu töten.

Das Magazin Brigitte berichtet am 11.01.2016, dass etwa jede dritte Frau schon einmal häusliche Gewalt erlebt hat. Bis ins Jahr 2024 scheint sich nichts gebessert zu haben, heißt es doch dann noch, dass jede dritte Frau (mindestens) einmal Opfer von physischer und/oder sexueller Gewalt wird.

Am 01.07.2016 tötet in Baden-Württemberg ein Ehemann seine Frau und seine beiden Stieftöchter mit Beil und Messer.

Aggression

Täglich ist überall auf den deutschen Autobahnen zu beobachten, dass Fahrerinnen und Fahrer rücksichtslos rasen und schamlos dicht und nötigend auf den Vordermann auffahren.

In einer Stadt in Nordrhein-Westfalen hinterlässt ein Linienbusfahrer den Eindruck, dass er wiederholt Autofahrer bewusst bedrängt und in gefährliche Situationen bringt.

In der Silvesternacht 2015 auf 2016 werden Hunderte junge Frauen auf dem Vorplatz des Kölner Hauptbahnhofs sexuell belästigt.

In Australien misshandeln Wachen im Gefängnis Jugendliche im Alter von 14 bis 17 Jahren.

Rücksichtslosigkeit oder Gedankenlosigkeit

In Köln fahren junge Männer ein illegales Autorennen in der Innenstadt. Sie nehmen dabei in Kauf, Unschuldige zu überfahren. Es gibt Tote.

In einem Parkhaus in Düsseldorf (und nicht nur dort) parken immer wieder breite, große Fahrzeuge auf ‚anderthalb' Parkplätzen. Der übrig gelassene, gerade mal halbe Parkplatz reicht für ein weiteres Fahrzeug nicht aus.

In vielen Städten sind Menschen aufgrund eines aktuellen Spiels mithilfe ihres Smartphones, das im Freien gespielt wird, so gefesselt, dass sie beim Überqueren von Straßen und Plätzen angefahren werden und auf Bürgersteigen ungewollt andere Menschen anrempeln und zu Fall bringen.

Mit dem Spiel beschäftigt fuhr beispielsweise am 29.07.2016 in Kassel ein unaufmerksamer Autofahrer auf einen LKW auf.

Beleidigung und Bedrohung

Immer häufiger wird berichtet, dass Ordnungskräfte, Feuerwehr-leute, Polizeibeamte, Rettungssanitäter bei ihrem Arbeitseinsatz behindert, beschimpft oder beleidigt werden. In Internet-Foren wird teilweise regelrecht gegen einzelne Personen, zum Beispiel gegen Journalisten oder Politiker, gehetzt.

Beschäftigte der Arbeitsagenturen werden immer wieder nicht nur verbal angegriffen.

Mangelnde Wertschätzung

Schreibt ein Beschäftigter eine Mail in einem Mainzer Weiterbil-dungsinstitut, wartet er mehrere Wochen auf eine Antwort – im eigenen Unternehmen, wohlgemerkt!

In der Regel erfolgt dort eine Reaktion erst auf erneute Nachfra-gen.

Mangelnde Hilfsbereitschaft

Ein älterer Herr mit zwei Krücken bewegt sich in Bonn auf die geschlossenen Türen eines Kaufhauses zu. Mühevoll versucht er eine Tür zu öffnen.

Innen steht ein Security-Mann, der interessiert zuschaut. Auf die Idee, eine Hilfestellung zu geben, kommt er anscheinend nicht.

Unverschämtheit

Weshalb den Müll zu Hause in der Mülltonne entsorgen? Einige sind der Meinung, dass Autobahnrastplätze diesen Müll aufneh-men können.

Sie entsorgen ihre Abfälle illegal. Allein im Raum Köln sind das mehr als 3.000 Tonnen jährlich. Die Entsorgung kostet etwa 80.000 € (Stand Drucklegung).

Eben mal die Zigaretten-Kippe aus dem Autofenster schnicken: Schließlich gibt es ja die ‚Kehrmännchen'.

In den USA beschimpft ein Kandidat für das Amt des Präsidenten immer wieder Bewohner seines eigenen Landes. Am 01.08.2016 beleidigt er öffentlich die Eltern eines im Einsatz umgekommenen US-Soldaten.

Resignation oder Desinteresse

Viele Menschen dieser Welt schauen tatenlos zu, wie andere Erdenbewohner aufgrund kriegerischer Auseinandersetzungen oder Korruption im Heimatland ihr Heim verlieren und hungern müssen. Nicht nur Kleinkinder sterben massenhaft.

Millionen von Flüchtlingen hausen monatelang, manchmal jahrelang und unter katastrophalen Zuständen in überfüllten Lagern, teilweise unter menschenunwürdigen hygienischen Verhältnissen.

Tausende Kundinnen und Kunden kaufen Kleidungsstücke zu minimalen Preisen, wohl wissend, dass diese in Ländern wie Bangladesch unter katastrophalen Arbeitsbedingungen hergestellt werden.

Dass weder die hygienischen Verhältnisse, gesetzliche Vorschriften, die Sicherheitsbedingungen oder die Bezahlung ausreichend sind, ist schon lange kein Geheimnis mehr.

Dass in vielen Fabriken Kinder zu dieser Arbeit eingesetzt werden, scheint für die ‚westliche Welt' fast schon zur Normalität geworden zu sein.

Betrug

Angeblich arbeiten laut swrfernsehen.de knapp 90 % aller weiblichen und männlichen Putzhilfen in privaten Haushalten illegal (Stand Juli 2019). Sie sind weder versichert noch zahlen sie Steuern. Sie belügen Staat und Gesellschaft.

Weshalb nicht Ware schmuggeln? N-tv meldet am 12.04.2016, dass allein am Frankfurter Flughafen im Jahr 2015 mehr als 8.000 kg Rauschgift beschlagnahmt wurden. Www.tagesspiegel.de meldet am 02.08.2019: Zoll beschlagnahmt in Hamburg viereinhalb Tonnen Kokain.

Mitte Juni 2024 entdecken in Deutschland Drogenfahnder 35,5 Tonnen Kokain im Wert von 2,6 Milliarden Euro.

Eine Bundestagsabgeordnete fälscht ihren Lebenslauf und arbeitet jahrelang für den deutschen Staat. Sie tat sich schwer, von ihren Ämtern zurückzutreten.

Deutsche Minister werden überführt, Plagiat in ihrer Doktorarbeit begangen zu haben. Sie verlieren ihren Doktortitel und gegebenenfalls auch ihren Job.

Ein Bewohner der Stadt Ratingen, der sich fälschlicherweise als Arzt, Pilot, Adliger und Staatsanwalt ausgegeben hatte, muss ab Juli 2016 neun Monate hinter Gitter.

Ein marktführendes deutsches Autounternehmen betrügt und belügt weltweit im sogenannten Diesel-Abgas-Skandal. Folge: Imageschaden, immense Geldstrafen, Schadensersatzforderungen und der Verlust tausender Arbeitsstellen.

Es wird geschätzt, dass dem Unternehmen durch den Abgas-Skandal (bis Mitte 2024) ein Schaden von etwa 30 Milliarden (!) entstanden ist.

Täglich versuchen Betrüger, Menschen via Internet abzuzocken. Leider gelingt es ihnen nur allzu oft. Andere laden Viren auf fremde Computer, um dort Chaos zu erzeugen.

Täglich klingeln an Haustüren Menschen, die die Bewohner austricksen und berauben.

Bei den Prüfungen und Klausuren an den Schulen und Universitäten wird auf ‚Teufel komm raus' geschummelt.

Beeinflussung von Sportwetten? Scheint sehr lukrativ zu sein.

Dopen in sportlichen Wettkämpfen? Immer wieder und in einzelnen Fällen sogar mit staatlicher Unterstützung.

Geschätzt 2.700 Führerschein-Prüflinge werden in den ersten neun Monaten des Jahres 2023 beim Betrügen in der theoretischen Fahrprüfung erwischt (laut zdfheute).

Stehlen

Im deutschen Einzelhandel verursachen Ladendiebstähle jährlich einen Verlust von ca. 4 Milliarden Euro (= 4.000.000.000 Euro).

Neid

Die ehelichen Kinder eines 2014 verstorbenen prominenten österreichischen Schlagersängers wollen mit aller Gewalt das für alle Beteiligten großzügig angelegte Testament anfechten.

Schönreden

Hin und wieder wird schon einmal ein unliebsamer Mitarbeiter ‚weggelobt'. Er erhält einen lukrativen Posten und ein höheres Gehalt als vorher.

Bessere Konditionen, obwohl unbeliebt.

Schummeln

In Partner-Tausch-Börsen und auf Flirt-Portalen machen sich Tausende User täglich jünger und hübscher, als sie sind.

In den sozialen Medien finden sich Millionen Fotos von Menschen, die als ‚zufällig aufgenommen' gelten, die aber die tatsächlich Aufgenommenen in Pose haben setzen lassen. Wird hier die Wirklichkeit gezeigt?

Nicht mehr zählbare Menschen verschönern ihr optisches Aussehen. Sie lassen sich Medikamente spritzen, die Haut straffen und so weiter. Sie wollen anders, genauer gesagt hübscher aussehen, als es für sie vorgesehen war. Ein Riesenheer Schönheitschirurgen und Tonnen von Cremes und anderer scheinbarer Zaubermittel warten auf diese Kundschaft.

Die Reiseprospekte, gedruckt auf Papier oder online, zeigen saubere und endlos lange, weiße Strände unter sonnigem Himmel. Sieht die Realität genauso aus?

Überlegung

Diese Aufzählung könnte endlos weitergeführt werden. Sicherlich haben auch Sie, liebe Leserin und lieber Leser, unzählige Beispiele aus Ihrer unmittelbar räumlichen Nachbarschaft, die Sie ergänzen könnten.

Mobbing am Arbeitsplatz, in der Schule, im Seniorenheim. Sitzenbleiben im Bus, wenn körperlich eingeschränkte Personen einsteigen. Vordrängeln in der Warteschlange.

Einen einfahrenden Autofahrer einfach nicht einfädeln lassen. Verschmieren von Hausfassaden. Hinter dem Rücken der Kunden schlecht über diese reden. Den Mitarbeiter anschnauzen und so weiter.

Müssen und wollen die Menschen in dieser Art zusammenleben? Weshalb so viel Gewalt, Lügerei und Betrug und auf der anderen Seite Hilflosigkeit, Desinteresse oder Resignation?

Lügen, bis die Balken brechen

Werden Täter ertappt, versuchen sie sich meist herauszureden. Schnell wird gelogen – auf Biegen und Brechen. Einer Bestrafung soll möglichst entgangen werden.

Ist dieses Verhalten zu verübeln?

Teil 1 – Die fast alltägliche Lüge

Schummeln, schwindeln, lügen

Ist das Leben ohne Lüge möglich?

Zwischenmenschlichkeit

„Wie hat dir das Abendessen geschmeckt, mein Liebling?"

So fragt die freundlich schauend aber leicht nervös wirkende Ehefrau ihren Mann.

Was wird dieser wohl antworten?

„Hervorragend, wie immer."

Mundet das Essen wirklich immer hervorragend? Immer?

„Wie geht es Ihnen?" So wird der Nachbar gefragt.

„Gut."

Geht es ihm wirklich gut oder sagt er das nur, um nicht alle seine Probleme, Herausforderungen und Wehwehchen zu schildern?

„Wir können dich an diesem Wochenende leider nicht besuchen. Wir haben so viel um die Ohren. Wir sehen uns dann nächstes Wochenende."

„Ja, kann ich verstehen", antwortet die Oma.

Kann sie es wirklich verstehen?

Kennen Sie diese Behauptungen?

„Ich bin nicht gedopt."

„Ich bin nicht homosexuell veranlagt."

„Ich gebe mein Ehrenwort."

„Niemand hat die Absicht, eine Mauer zu errichten."

Der Lügner und der Belogene

Eine Lüge bringt nur dann einen Erfolg, wenn es einen Belogenen gibt. Steht jemand allein auf der Bergspitze, kann er bestenfalls sich selbst belügen.

Im zwischenmenschlichen Bereich bedeutet das, dass es einen Lügner und einen Belogenen geben muss. Hier werden die beiden Protagonisten als Sender (der Lügner) und Empfänger (der Belogene) bezeichnet.

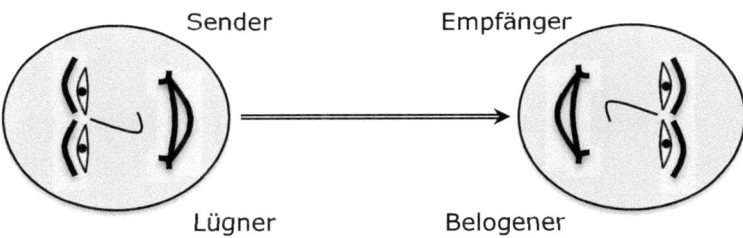

Anstelle eines Lügners (ein Mensch) kann ein ‚Vertreter' handeln. Zum Beispiel ein Print– oder Online-Medium in Form einer Nachricht, Information oder (Werbe)–Botschaft.

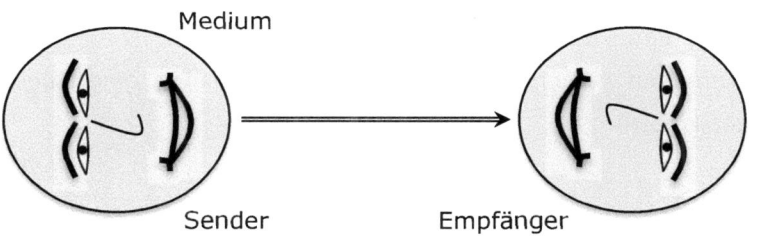

So können gleichzeitig mehrere Empfänger erreicht werden.

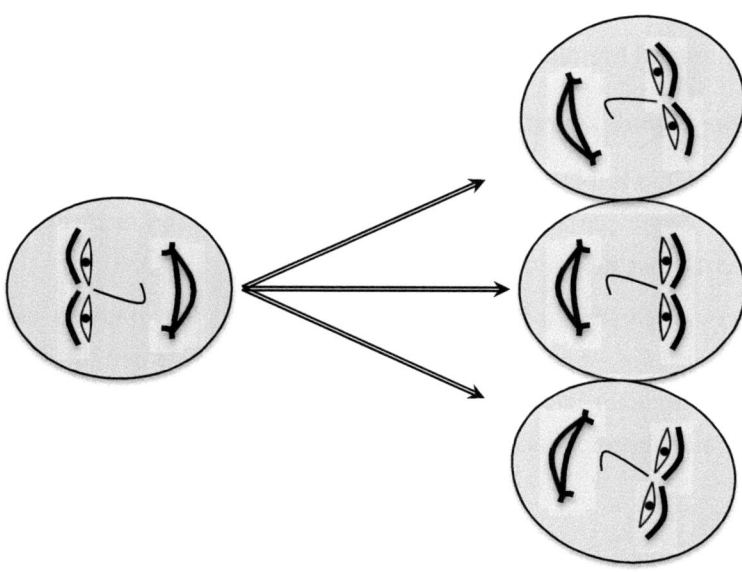

Hinter dem Medium steht in der Regel wieder ein Mensch (oder eine Gruppe von Menschen, die von einer Person geleitet wird), sodass es wieder in den Bereich der ursprünglichen zwischenmenschlichen Kommunikation kommt.

Mittlerweile verteilen BOTs (BOT ist eine Abkürzung des Wortes Roboter. BOTs sind Computerprogramme, die automatisiert Aufgaben erledigen) millionenfach Lügen, ohne dass ein Mensch jeden einzelnen Beitrag posten müsste.

Die Lüge kann ausgesprochen werden, aber auch nichtgesprochen erfolgen. Manchmal ist sogar ein ‚Nichts-Sagen' einer Lüge gleichzusetzen.

Der Empfänger der Lüge muss nicht zwangsläufig und direkt eine Rückmeldung an den Sender geben. Allerdings muss er – im Sinne der Lüge – aktiv werden.

Entweder muss er der Lüge ‚glauben' oder sein Verhalten ab sofort anpassen und etwas konkret tun, wie zum Beispiel ein Verhaltensmuster ändern oder eine Ware kaufen.

Je nach Quelle gibt es verschiedene – aber immer ähnliche – Definitionen, was eine Lüge ist. Beispielsweise:

„Eine Lüge liegt dann vor, wenn bewusst und absichtlich die Unwahrheit gesagt wird."

Die Lüge hat – in der Regel – die Absicht, eine andere Person etwas glauben zu lassen, was nicht den Tatsachen entspricht.

Bewusst wird hier ‚in der Regel' gesagt, weil später gezeigt wird, dass manchmal keine (bösartige) Absicht vorliegt.

Weiterhin wird bewusst von ‚glauben' gesprochen, da der Empfänger eher selten die Lüge, von der er ja nicht weiß, dass es eine ist, überprüft.

Der Glaube spielt allerdings auch später in diesem Buch eine Rolle, wenn über den Aberglauben gesprochen wird.

Der Wortschatz offenbart die Häufigkeit von Lügen

In der deutschen Sprache kommt das Wort lügen auch oft vor:

- „Der lügt wie gedruckt."
- „Der lügt, dass sich die Balken biegen."
- „Der lügt auf Teufel komm raus."
- „Der tischt uns doch nur Lügen auf."
- „Wer lügt, der stiehlt."

- „Wer einmal lügt, dem glaubt man nicht."

- „Der lügt das Blaue vom Himmel."

- „Der lügt sich in die eigene Hand."

- „Lügen haben kurze Beine."

- „Jemandem ins Gesicht lügen."

- „Das ist erstunken und erlogen."

- „Der erzählt ein Lügenmärchen."

Die letzte Aussage bezieht sich auf Märchen, die bekannterweise auf erzählten Überlieferungen beruhen und in der Regel nicht der Wahrheit entsprechen.

Bestimmt sind Ihnen auch die Begriffe Lügenbeutel, Lügenbold und Lügenbaron bekannt.

Lügen Männer öfter als Frauen?

Stimmt das? Laut Professor Peter Stiegnitz (1936 – 2017), einem Lügenforscher aus Ungarn, lügen Menschen etwa 200 Mal am Tag.

Seiner Meinung nach sagen Männer rund zwanzig Prozent häufiger die Unwahrheit als Frauen, da Männer angeblich eher erst reden und dann denken. Nun ja.

Ein Kind beginnt erst im Alter von drei bis fünf Jahren zu lügen, sobald es erkennen kann, dass andere Menschen auch anders denken können.

Es merkt, dass es sich durch Schwindeln oder Lügen einen Vorteil verschaffen kann. Dieser Aspekt wird ‚Theorie des Verstands' genannt.

Bei mehr als 8 Milliarden Menschen auf dieser Welt sind das 1,6 Billionen Lügen; und zwar täglich. Wobei in dieser Rechnung der erwachsene Mann zugrunde gelegt wurde.

Bei großzügig gerechneten ca. 60 Millionen Deutschen ab 18 Jahren bedeutet das, dass jeden Tag allein hierzulande über 10 Milliarden Lügen geäußert werden. Grund genug, auf dieses Thema genauer einzugehen.

Ist es vorstellbar, dass ein/e Erwachsene/r 160 bis 200 Lügen am Tag äußert? Halten Sie die Zahl für vorstellbar?

Nach Stiegnitz sieht das dann so aus:

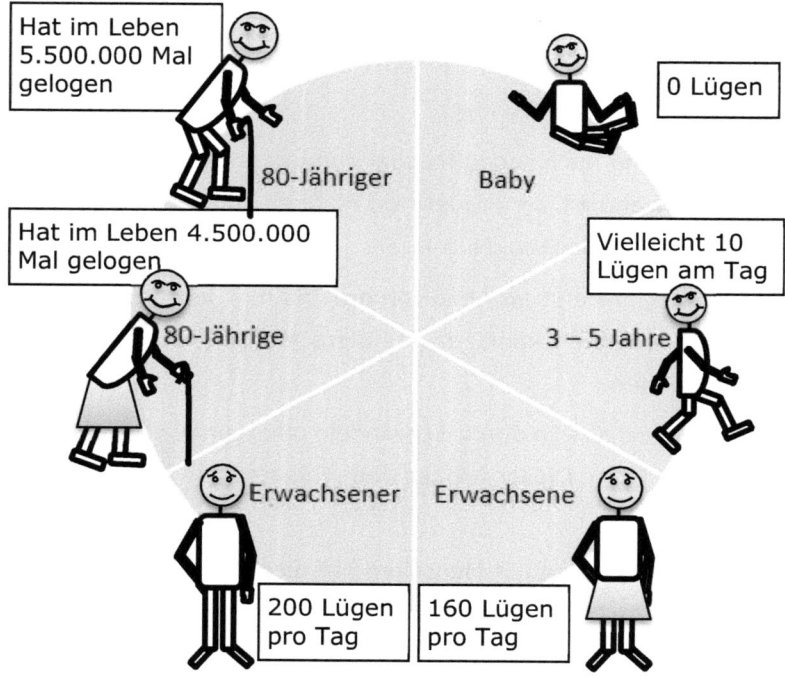

Überlegung

Würden Sie in diesen Fällen die Wahrheit sagen?

- Jemand ist schwerst erkrankt und hat nicht mehr lange zu leben. Sagen Sie ihm/ihr die Wahrheit?

- Ihr Kind glaubt, dass das Christkind beziehungsweise der Weihnachtsmann Geschenke bringt. Sagen Sie ihm die Wahrheit?

- Ein unschuldiger Mensch wird gefoltert. Wenn er etwas anderes als die Wahrheit sagt, entkommt er der Folter. Darf er lügen, um sein Leben zu retten?

Weshalb lügt der Mensch?

Ist der Mensch von Geburt an böse? Nein. Natürlich nicht. Das kann doch kaum sein und wurde von Professor Peter Stiegnitz bewiesen; zumindest, wenn es um die Lüge geht. Oder?

Schauen Sie sich ein Neugeborenes an.

Hilflos ist es auf die Unterstützung und Betreuung der Eltern und anderer Menschen angewiesen. So ein kleines Wesen kann doch nicht böse sein und lügen!

Wenn dem so ist, dann muss sich das Böse und mit ihm das Lügen erst im Laufe der Sozialisierung beziehungsweise des Lebens entwickeln.

Allerdings ist es ja auch nicht so, dass sich jeder Mensch zu einem bösen Individuum entwickelt. Offensichtlich gibt es hier verschiedene Ausprägungen.

Es liegt in der Natur des Menschen zu überleben. Der Mensch soll überleben und dafür sorgen, dass Nachkommen lange und sicher auf der Erde (über-)leben können.

Die Tierwelt macht das deutlich bewusst. Tiere durchlaufen ihr Leben, um sich zu paaren und Nachwuchs zu erzeugen, oder anders der Gemeinschaft zu dienen. Damit sichern sie das Überleben der Art, Generation für Generation.

Dieses Verhaltensmuster ist selbstverständlich auch beim Menschen bekannt. Deshalb muss er manchmal lügen, um seine durch die Natur vorgegebene Ziele erreichen zu können.

Was brauche ich, um zu überleben?

Das Überleben benötigt Sicherheit, Schönheit und Erfolg.

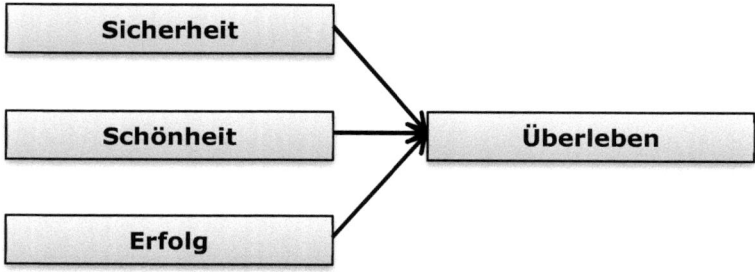

Sicherheit

Zur Erreichung des Ziels muss sich ein Wesen einen gewissen sicheren Platz schaffen, damit es durch Unfälle, Übergriffe, Krankheiten oder irgendwelche Widrigkeiten nicht früher als nötig sein Leben verliert.

Nachvollziehbarerweise muss dieser sichere Platz verteidigt werden.

Und schon kommt es zu möglichen Kampfhandlungen, wenn ein anderer, sei es durch Not oder Neid, in diesen sicheren Platz eindringen oder die Geborgenheit streitig machen will.

Die Sicherheit will sich der Angegriffene verständlicherweise nicht nehmen lassen. Schon kommt es zu Lügen, Ausflüchten, Täuschung, bis hin zu Handgreiflichkeiten.

Schönheit

Um einen Partner oder eine Partnerin zu finden – und damit Nachwuchs in die Welt setzen zu können – müssen für den Gesuchten Reize ausgesendet werden.

Auch hier ist in der artenreichen Tierwelt deutlich zu beobachten, wie durch ein ausgesprochen hübsches Gefieder, wunderbare Gesänge, Zeigen von Muskelkraft und so weiter Partner angelockt werden.

Dieses Verhalten lässt sich leicht auf das menschliche Wesen übertragen. Und im selben Moment zeigt sich, dass der Mensch im ständigen Wettbewerb zu seinem Mitbewerber steht.

Er muss nachweisen, dass er schöner, stärker und/oder intelligenter als der andere ist. Damit lässt sich der Themenbereich rund um die ästhetische Schönheit erklären.

Erfolg

Um möglichst optimal im Sinne der Sicherheit und des damit verbundenen beneidenswerten Lebens (Haus, Auto, Urlaub, Partys) leben zu können, benötigt es Bildung und/oder Geld.

Somit ist verständlich, dass viele Menschen möglichst viel Geld verdienen (oder illegal erwerben) wollen. Gleichzeitig ist hier auch ein Grund zu sehen, weshalb die Zeugnisnoten möglichst gut sein müssen.

Wer gute Noten nachweisen kann, hat einen leichteren Zugang zu Weiterbildung und zu einem gewünschten Job.

Es entwickelte sich die Strategie nach weiter, höher, schneller. Status, Wohlstand und Erfolg müssen nach außen gezeigt werden, um sich begehrenswert zu machen.

Neid

Im Althochdeutschen gab es das Wort ,nid' für eine ,feindselige Stimmung'. Wer diese Gefühlsregung verspürte, sah den anderen als Gegner, als Feind an.

Das könnte jemanden so in Rage bringen, dass das Sprichwort entstand:

„Gelb vor Neid sein."

Auch in der heutigen Zeit scheint es den Menschen anzuregen und zu motivieren, wenn er bei anderen sieht, was diese erreicht haben. Ganz bestimmt spielt hier auch der Neid mit.

Somit entsteht eine Hetze nach immer mehr und mehr. Der Mensch verliert dadurch sein eigenes und tatsächliches Lebensziel aus den Augen.

Er entwickelt sich zu einem Neidhammel.

Viele schaffen es erst im höheren Alter sich zurückzulehnen und ihr Leben zu reflektieren. Sie stellen dabei fest, dass es bei weitem noch andere und möglicherweise auch wichtigere Dinge gibt als nur Hab und Gut.

Von der Unschuld zur Gewalt

Im Jahr 1954 erschien der Roman ‚Herr der Fliegen' (Lord of the Flies) des britischen Schriftstellers und Literatur-Nobelpreisträgers Sir William Gerald Golding (1911 – 1993).

Der Inhalt: Auf einem Flug von Großbritannien nach irgendwohin stürzt ein Flugzeug abseits jeglicher Zivilisation ins Meer ab.

Lediglich eine Gruppe von sechs bis zwölfjährigen Jungs, alle aus demselben Elite-Internat kommend, überleben die Katastrophe. Sie schaffen es auf eine einsame Südsee-Insel.

Ihr gemeinsames Ziel lautet ab sofort: überleben und gerettet werden. Alle scheinen dasselbe Ziel zu verfolgen.

Was geschieht? Schnell bilden sich zwei Gruppen mit je einem Anführer. Genauso schnell kämpfen die beiden Gruppen gegeneinander – trotz desselben Ziels und des Wissens, aufeinander angewiesen zu sein. Bald gibt es Verletzte und Tote unter den Kindern.

Wahrlich im letzten Augenblick werden die Überlebenden von der Besatzung eines zufällig vorbeikommenden Kriegsschiffs gerettet.

Dieser verfilmte Roman führt tragisch vor, wie liebe, ‚unschuldige' Kinder zu lügend, bösen, gewalttätigen Mördern werden, obwohl es ‚eigentlich' ganz andere Herausforderungen zu lösen gäbe.

Miteinander überleben

Miteinander leben und überleben erfordert demnach gewisse Verhaltensmuster. Hier kristallisieren sich schwerpunktmäßig die Begriffe Altruismus, Wertschätzung und Empathie heraus.

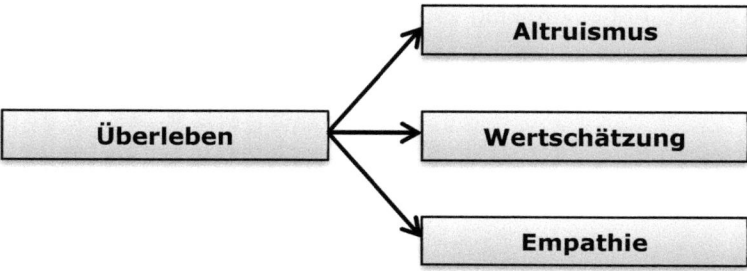

Altruismus

Altruistische Menschen bekommen es hin, etwas zu geben, ohne sofort eine Gegenleistung zu erwarten. Sie handeln im Sinne der anderen. Das sind beispielsweise Menschen, die sich ehrenamt-lich, selbstlos und ohne Erwartung einer Gegenleistung betäti-gen. Sie sind ein gutes Beispiel für altruistisches Handeln.

Andere, die selbstlos spenden, können in dieselbe Kategorie ge-setzt werden. Hier kann von Altruismus gesprochen werden, dem Gegenwort zum Begriff Egoismus.

Bei den bisherigen Überlegungen, die manches Verhaltensmuster erklären können, ist allerdings immer noch nicht alles abgedeckt, was als egoistisches und rücksichtsloses Verhalten bezeichnet werden kann.

Was weiter oben an Beispielen genannt wurde, beispielsweise das Rauswerfen einer Zigarettenkippe aus dem Autofenster, lässt sich mit den eben durchdachten Überlegungen nicht so leicht er-klären.

Wie weit ist solch ein Verhalten vom Altruismus entfernt?

Viele der Beispiele können gegebenenfalls analysiert und damit erklärt werden, müssen aber deswegen immer noch nicht akzeptiert oder entschuldigt werden.

Wertschätzung

Ein jeder selbst ist zuerst einmal für sich und sein Verhaltensmuster verantwortlich.

Sobald er das Alter erreicht hat, sein eigenes Verhalten und Auftreten zu reflektieren, hat er zumindest die rationale Fähigkeit, die Folgen seiner Handlungen abzusehen. Nach den Überlegungen muss es einen Impuls zum Handeln geben.

Somit sollte er auch in der Lage sein zu entscheiden, etwas zu tun oder besser doch zu vermeiden.

Empathie

Empathie bedeutet so viel wie, sich in die Situation und Gedankenwelt einer anderen Person hinein versetzen zu können.

Wer empathisch ist lebt anderen das vor, was die Gesellschaft und er selbst als ‚richtig' im Sinne der Umgangsformen und zwischenmenschlichen Verhaltensmuster sieht.

Bei aller wohlwollenden Absicht: Vermeiden Sie anzunehmen, dass sich Ihr Gegenüber genauso verhalten müsste, wie Sie es für richtig ansehen. Ihr Gegenüber denkt höchstwahrscheinlich anders als Sie und hat damit auch andere Wertevorstellungen.

Diese müssen nicht unbedingt falsch sein; höchstens aus Ihrer Sicht ungewöhnlich oder unpassend. Das soll Sie aber nicht daran hindern, anderen gegenüber hilfsbereit, freundlich, wertschätzend und respektvoll aufzutreten.

Von der Täuschung bis zur Lebenslüge

„Schwindeln macht das Sozialleben erst erträglich. Sogar in der Beziehung ist es mitunter ratsam, die Wahrheit zu vertuschen."
Welt am Sonntag, 23.08.2015

Weiße und schwarze Lügen

Wann ist eine Lüge eine Lüge? An verschiedenen Stellen wird sogar von weißen Lügen und schwarzen Lügen geschrieben.

Weiße Lügen sind diejenigen, die Konflikte oder Streit verhindern sollen.

Mit ihnen wird gelogen, um eine angenehme Atmosphäre zu erhalten. Durch den Einsatz weißer Lügen wird das soziale Miteinander erleichtert.

Weiße Lügen	Schwarze Lügen

Im Gegensatz zu dieser (lobenswerten) Absicht gibt es die Gruppe der Lügen, die Böses beabsichtigen.

Sie werden eingesetzt, weil sich der Lügner einen deutlichen Vorteil verschaffen will.

Die schwarzen Lügen erfolgen zulasten anderer. Teilweise liegt die Absicht vor, andere bewusst zu schädigen.

Die verschiedenen Stufen der Lügen, die Zuordnung beziehungsweise die Abgrenzung ist teilweise schwierig bis fast nicht möglich. Es soll trotzdem versucht werden.

Flunkern, schwindeln und scherzen

Begonnen wird mit der Flunkerei. Das harmlose Flunkern scheint gar nicht so schlimm zu sein.

April, April

Seit 1618 werden Menschen ‚in den April geschickt'. Es sollte und soll lustig sein das zu tun, ohne jemanden zu verletzen.

Wichtig ist, dass anschließend alle lachen können, auch derjenige, der ‚hereingelegt' wurde. Er wurde dann zum ‚Narren gehalten'.

Ist der Aprilscherz erkannt oder wird er aufgelöst, erfolgt das begleitend mit dem Ruf „April, April!".

Sogar die Medien beteiligen sich heutzutage daran, ihre Leser, Zuschauer oder Hörer in den April zu schicken. Mit teilweise wirklich lustigen und sehr gut aufgemachten Nachrichten, die auf den ersten Blick nicht als Aprilscherz erkannt werden.

Nach religiösen Überlieferungen wurde an diesem Tag der Teufel vom Himmel in die Hölle geschickt.

Möglicherweise führt dieses Brauchtum auf die Quirinalia zurück. Es war bei den alten Römern ein Kultfest zu Ehren des Kriegsgottes Quirinus und wurde am 17. Februar eines jeden Jahres begangen. Das Fest ist unter dem Namen ‚Festival der Narren' überliefert.

Das In-den-April-schicken ist nur am ersten Tag des Monats April möglich. An anderen Tagen würde der Empfänger sich unter Umständen betrogen oder übervorteilt fühlen.

Klapperstorch

Dass der Klapperstorch für den Nachwuchs verantwortlich gemacht wird, weiß fast jeder. Einen Zuckerwürfel auf die Fensterbank legen – und warten. Der Erfolg wird sich einstellen. Die Lieferung – ein Baby – erfolgt in einigen Wochen.

Dass Nikolaus, Weihnachtsmann oder Christkind Geschenke bringen ebenso. Das weiß wohl jedes Kind.

Sich vergnügen

Im Mittelalter bedeutete ‚scherzen' etwa ‚fröhlich springen' oder ‚sich vergnügen'. Ist es nicht schön, einen Scherz zu machen, sodass sich alle Beteiligten freuen können und/oder belustigt sind?

Hier muss nicht von Lügen gesprochen werden, diese Verhaltensmuster passen gut unter den Begriff Flunkern.

Heuchelei – Scheinheiligkeit

Das Wort Heucheln (Hypokrisie) wird üblicherweise dann verwendet, wenn jemand ein Gefühl oder eine Meinung vortäuscht, die er nicht wirklich vertritt.

„Oh, das tut mir leid!"

Jemand wird durch die Heuchelei ‚hinters Licht geführt'. Ihm wird etwas vorgespielt.

Das Wort heucheln stammt aus dem mittelhochdeutschen ‚hüchen', was so viel wie unterwürfiges Ducken und Kriechen bedeutet.

Manche Leute unter sich würden heute auch die Formulierung ‚er schleimt' verwenden.

Heuchelt jemand, wird ihm manchmal nachgesagt, er sei scheinheilig. Jemand ‚scheint' heilig zu sein. Er gibt vor, aufrichtig, ehrenhaft und freundlich zu handeln.

Tatsächlich lebt er seine Gefühle nicht so, wie er sie vermittelt. Vielleicht lebt er sogar gegensätzlich zu seinen geäußerten Gefühlen.

Das vorgetäuschte Verhalten kann beispielsweise bei Personen beobachtet werden, die öffentlich gegen die Prostitution wettern, heimlich aber selbst den Dienst bezahlbarer Frauen annehmen.

Heuchelei hat in der Gesellschaft keinen guten Ruf.

Schmeicheln und Übertreiben

„Du siehst ja wieder schöner aus als Kleopatra!", so schmeichelt, wohl wissend, dass das vielleicht gar nicht der Wahrheit entspricht, der liebenswerte Mensch.

Die geschmeichelte Person weiß das natürlich auch, fühlt sich aber trotzdem wohl.

Es ist erkennbar, dass hier übertrieben wurde, weshalb diese Art der Äußerungen nicht als Lüge bezeichnet wird – obwohl die Aussage nicht der Wahrheit entsprechen muss!

Diese Kategorie fällt erkennbar unter die sogenannten weißen Lügen.

„Du siehst so aus wie vor zehn Jahren, als wir uns letztmalig sahen."

„Du bist ja gar nicht älter geworden."

Na, ob das wirklich stimmt?

Smalltalk

Im Smalltalk, dem kleinen, unverbindlichen Gespräch, werden oft Nettigkeiten ausgetauscht, um eine positive Atmosphäre entstehen zu lassen. So wird die Einrichtung gelobt oder das Programm, obwohl es nicht wirklich der Meinung des Lobenden entspricht.

Auch wenn der englische Begriff ‚small' im Wort steckt, also klein, unbedeutend, so ist doch nicht die Wertigkeit im Sinne eines unbedeutenden Gesprächs gemeint.

Damit wird der Begriff Smalltalk leicht unterschätzt.

Ein vernünftig umgesetzter Smalltalk öffnet Türen für ein späteres gesellschaftliches oder geschäftliches Zusammensein.

Richtig eingesetzter Smalltalk kann der Türöffner zum Job oder zum Verkaufsgespräch sein. Er ist demnach sehr wichtig.

Diplomatie

Nun soll ja nicht behauptet werden, Diplomaten würden lügen. Nein, sie gehen diplomatisch vor. Das heißt, sie verhalten und reden so, dass es sich für alle Beteiligten gut anhört. Sonst wären es ja keine Diplomaten.

„Diplomatisch ausgedrückt ...“

Die Diplomatie befasst sich mit der Verhandlung zwischen Vertretern von Ländern und Organisationen (zum Beispiel den Vereinten Nationen oder der Europäischen Kommission).

Der Vertreter ist der Diplomat. Diplomaten versuchen, die Gesprächsbeteiligten in die möglichst beste Konstellation zu bringen, was oft Kompromisse bedarf. So verliert keiner sein Gesicht, zumindest nicht das gesamte Gesicht.

In der Diplomatie wird niemand bloßgestellt, denn das würde zwangsläufig das Verlieren des Gesichts beinhalten.

„Wir haben uns darauf geeinigt, die Gespräche fortzusetzen“, verkündet die Kanzlerin vor der Presse.

Konkret bedeutet das, dass im Gespräch keine Ergebnisse vereinbart wurden.

Das Nicht-Erreichen von Ergebnissen zu äußern wäre aber ungeschickt, denn es würde zeigen, dass die Gesprächspartner nicht fähig waren, einen kleinsten gemeinsamen Nenner zu finden.

Heißt es hingegen, dass die Gespräche fortgesetzt werden, kann ja ganz deutlich von einem hervorragenden Ergebnis gesprochen werden. Der positive Einigungswillen drängt sich förmlich auf.

Alle Beteiligten scheinen ja gut gelaunt und erpicht darauf zu sein, weiter miteinander zu reden.

„Im Deutschen lügt man, wenn man höflich ist." (Johann Wolfgang von Goethe).

Und nicht nur in Deutschland ...

Das ist Diplomatie.

„Ihre Tochter ist die dümmste, die ich jemals unterrichtete."

Jemand sagt:

„Ich habe nächtelang nicht geschlafen."

Wohl jedem wird klar sein, dass es so nicht war. Hier liegt eine Übertreibung vor. Der Empfänger weiß sofort, dass die Angabe nicht stimmt, weil sie nicht stimmen kann.

Es wird übertrieben, um das ungewöhnliche Ausmaß oder die extreme Belastung deutlich zu machen.

Die Übertreibung ist so deutlich, dass diese Vorgehensweise klar erkannt wird.

„Ich habe den halben Tag im Stau gestanden."

„Da waren hunderte Leute mit rosa T-Shirts in der Innenstadt."

„Das habe ich dir schon tausendmal gesagt."

„Das hast du toll gemacht."

Die Mutter streichelt ihrem kleinen Kind freundlich über den Kopf.

Das Kind hat ein farbenfrohes Gekritzel auf einem Stück Papier produziert. Was das Bild genau darstellen soll, weiß wahrscheinlich keiner so richtig. Um das Kind zu loben und zu motivieren, erfolgt nun eine Aussage wie:

„Das hast du ganz toll gemacht."

Das Kind freut sich und die Mutter auch.

Anwesender Besuch ist von der unglaublichen Kreation ebenso ganz begeistert und fällt in dieselbe Richtung der Huldigung ein.

Die Vorgehensweise ist nachvollziehbar und verständlich.

Wie würde sich das Kind wohl fühlen, würde die Mutter nachfragen:

„Was soll das denn sein? Das kann ja überhaupt keiner erkennen."

Seemannsgarn

Was haben die Seeleute früher nicht alles erlebt und überlebt. Riesige Monster, singende Wassernixen, Ungeheuer aller Art. Kein Wunder, dass einem hier die Gänsehaut eiskalt über den Rücken läuft.

Hier wird den Zuhörenden Seemannsgarn aufgebunden, ursprünglich Schiemannsgarn.

Das Garn, das auf dem Schiff für alle denkbaren Einsätze gebraucht wurde, wurde bei gutem Wetter – wenn nichts anderes zu tun war – gesponnen.

Tja, und dabei wurde sich unterhalten und über Mögliches und Unmögliches ausgetauscht. Die Fantasie der Schiffsmannschaft wurde angeregt und schon entstanden stark übertriebene Geschichten, die mit der Realität nicht mehr allzu viel zu tun hatten.

Wahrnehmungs-Verzerrung

Die meisten Menschen denken, mit ‚offenen Augen' durchs Leben zu schreiten. Sie sind ziemlich sicher, Dinge und Geschehnisse so wahrzunehmen, wie ‚sie sind'.

Tatsächlich täuschen die menschlichen Sinne ‚unterschiedliche' Wahrheiten vor. Lügt deshalb die Wahrnehmung?

Verzerrung durch optische Täuschung

Ein kleines Wahrnehmungs-Experiment, das Sie vielleicht an anderer Stelle schon einmal gesehen haben.

Hier werden zwei Zeichnungen abgebildet. Jeweils eine waagrecht verlaufende Linie, begrenzt durch zwei Winkel. Betrachten Sie beide Bilder genau und entscheiden dann, bei welchem Bild die waagrechte Linie länger ist.

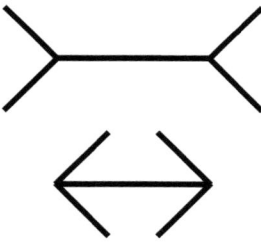

Haben Sie sich entschieden?

Die meisten Befragten halten die waagrechte Linie in der oberen Darstellung für die längere. Sie auch?

Tatsächlich sind beide Linien gleich lang. Weshalb erscheint die obere länger?

Das hat mit der Ausrichtung der Winkel zu tun. Im oberen Bild wird durch die Anordnung der Winkel das Bild waagrecht verbreitert. Im unteren Bild wird es gedrückt.

Hier liegt eine optische Täuschung vor. Zu optischen Täuschungen gibt es (fast) unendlich viele Beispiele, die Sie an verschiedenen Stellen finden können. Manchmal ist die Täuschung verblüffend.

In einigen Darstellungen ist – obwohl als Täuschung akzeptiert – kaum nachvollziehbar, wieso die Wahrnehmungs-Verzerrung entsteht.

Akustische, gustatorische, olfaktorische, kinästhetische Täuschung

So lassen sich auch alle anderen Sinne täuschen (akustische für den Gehörsinn, gustatorische für den Geschmack, olfaktorische für den Geruch, kinästhetische für den Tastsinn).

Manchmal sind sie weniger bekannt als die optischen. Das hat damit zu tun, dass die optischen auf einem Papier leichter darstellbar sind.

Begleiten Sie die fiktive Kundin Frau Schulze beim Einkauf im Supermarkt. Hier folgt ein Auszug möglicher Täuschungen, auf die Frau Schulze hereinfallen wird.

- Der (über-)große Einkaufswagen, damit Frau Schulze glaubt, bisher nur wenig (zu wenig) eingekauft zu haben. Es bleibt noch viel Platz im Wagen, um Waren nachzulegen.

- Der glatt geputzte und spiegelnde Boden, der Rutschgefahr vortäuscht. Frau Schulze geht deshalb vorsichtiger, somit langsamer. Dadurch bleibt sie länger im Geschäft, das wiederum die Wahrscheinlichkeit des zusätzlichen Einkaufs erhöht.

- Die ruhige und angenehme Hintergrundmusik. Diese ist dem Herzschlag des Kunden angepasst.

  Je nach Uhrzeit und der damit verbundenen Zielgruppen (Hausfrauen, Schüler, Rentner) wird verschiedene Hintergrundmusik gespielt.

- Der duftende Geruch. Dieser synthetisch erzeugte Geruch an der Brötchentheke reizt zum Kauf an.

- Der Spiegel. Spiegel hinter der Obstablage mit heller Beleuchtung verdoppeln das Angebot optisch. Gleichzeitig lassen sie die ausgelegte Ware frischer und saftiger erscheinen.

- Die Beleuchtung an der Fleischtheke. Durch spezielles Licht werden dem Kunden die ausgelegte Wurst und das Fleisch rötlicher erscheinen. Damit sieht es frischer und gesünder, also begehrenswerter, aus.

- Das Extrascheibchen Wurst, um den Geschmack anzuregen. Erhält Frau Schulze etwas umsonst, fühlt sie sich moralisch verpflichtet etwas mehr einzukaufen.

Diese raffiniert eingesetzten Täuschungen erhöhen den Umsatz merklich. Millionen von Kunden verfallen diesen Täuschungen täglich. Gut für den Umsatz des Händlers.

Nicht vergessen: Diese Beispiele beziehen sich nur auf den Supermarkt. Gehen Sie mit ‚offenen Augen' durch die (Einkaufs-) Welt.

Sie werden merken, an wie vielen Orten das Vortäuschen falscher Tatsachen Ihre Sinne angeregt werden.

Fishing for Compliments – Komplimente einfordern

„Ach, das habe ich doch gar nicht so gut gemacht", äußert die Sekretärin und schlägt demütig die Augenlider nieder.

„Doch, doch, liebe Frau Beckers, das war wunderbar!", kommentiert die Vorgesetzte.

Das ‚Fischen nach Komplimenten' ist leicht zu durchschauen und wird deshalb auch manchmal mit einem Lächeln oder mit dem englischen Wortgebilde ‚Fishing for Compliments' quittiert.

Die positive Rückmeldung erfolgt, weil die eigene Leistung schwach oder gar negativ beschrieben wird, was das Gegenüber zur ‚Korrektur' in Form eines Kompliments nötigt. Und diese ist dann lobend, da sie besser ist, als die selbstgeäußerte, bescheidene Meinung.

Aufwerten – Aufschneiden

Wer ist nicht stolz darauf, in seinem Bekanntenkreis eine Berühmtheit zu kennen? Wer strahlt nicht gerne im Dunstkreis dieser bewunderten Persönlichkeit? Wer freut sich nicht, eine prominente Person in seinem Freundeskreis zu wissen?

Breitet sich hier ein Gefühl der Stolzes aus?

Die Bewunderung, manchmal auch der Neid der anderen, ist spürbar. Das mag daran liegen, dass sich die meisten Menschen in der Berühmtheit der anderen sonnen mögen.

„Wenn du einen Prominenten kennst, steigst du in meiner Achtung."

Weshalb?

„Weil du jemanden ‚Bewunderten' zu deinen Freunden zählst. Vielleicht habe ich dadurch auch einen Vorteil."

Soll den Glücklichen, die wiederum bekannte Persönlichkeiten kennen, das Gefühl des Ruhms gegönnt sein.

Name-Dropping – Referenznennung

Manch einer nutzt den Wunsch nach Berühmtheiten-Kontakten in der Art aus, dass er im Gespräch ‚so ganz nebenbei' erwähnt, mit der oder dem einen gesellschaftlichen Kontakt zu haben.

Er erweckt den Anschein, die Person ‚persönlich' zu kennen. Tatsächlich war er bestenfalls am selben Ort wie der Erwähnte.

Er erhofft damit ein Aufsteigen seines Status bei den Zuhörern.

Je häufiger er glauben macht, Kontakt mit der Berühmtheit zu haben, desto höher erhofft er die Bewunderung.

Dieser Vorgang wird Name-Dropping (oder Namedropping, engl. ‚to drop' für ‚tröpfeln', ‚fallen lassen') genannt. Der Name des berühmten Kontaktes wird an passender Stelle immer mal wieder ‚fallen gelassen'. In der deutschen Sprache passt hier die etwas sperrigere Bezeichnung ‚Referenznennung'.

Tatsächlich liegt beim Name-Dropping keine direkte Lüge vor. Allerdings wird ein Bild beim Zuhörer erweckt, das mit der Realität nicht übereinstimmt.

Der Betreffende lässt den Zuhörer bewusst in einer anderen Einschätzung – zum eigenen Vorteil, nämlich der oben erwähnten Steigerung des eigenen Ansehens.

Place-Dropping

Einen ähnlichen Effekt erzielt das bewusste Erwähnen eines Ortes, an dem jemand gewesen sein will. Dazu gehören exotische Reiseziele, sehenswerte Weltwunder, edle Hotels, begehrenswerte Domizile und so weiter.

„Die Cocktails auf Hawaii sind wirklich teuer …"

Ähnliches Vorgehen erfolgt beim Institutions-Dropping und Brand-Dropping (Das Nennen von Markennamen).

Aufgepasst: Wird das Dropping übertrieben, wird es leicht durchschaut. Die Zuhörer wenden sich vom Redner ab – der Status des Betreffenden sinkt.

Aufmerksamkeit schinden – Rampenlicht

Manch einer findet es wichtig, ins Rampenlicht zu kommen. Er fühlt sich besonders ‚ins Licht gesetzt', sobald die Scheinwerfer auf ihn gerichtet sind. Er will beeindrucken und bewundert werden aufgrund seiner Fähigkeiten, seiner Kontakte, seines Könnens. Dieses Verhalten mag an sich nicht als verwerflich gelten, solange ein ‚gesunder' Profilierungswunsch vorliegt.

Drängt sich jemand immer wieder in den Vordergrund, verstärkt durch gleichzeitiges Zurückdrängen anderer, wird das Verhalten infrage gestellt.

Beispielsweise hat ein mehrköpfiges Team tagelang an der Lösung eines Problems gearbeitet. Schließlich kann das Ergebnis beim Auftraggeber oder Vorgesetzten vorgestellt werden – vom Teamleiter. Dieser heimst nun alle Wertschätzung für sich selbst ein. Das Team ‚geht leer aus'. Die nicht ausgesprochene Wahrheit der geleisteten Arbeit des Teams fokussiert Ruhm und Aufmerksamkeit nur auf den Teamleiter.

Ins ‚bessere Licht' stellen

Natürlich ist es legitim, sich ins bessere Licht zu stellen. Wer würde im Bewerbungsgespräch alle seine Schwächen und fachlichen Nachteile in den Vordergrund eines Gesprächs stellen?

Vergleichbares gilt bei einem Flirt. Hier stellen sich die Flirtenden begehrenswert dar. Sie möchten positive Aufmerksamkeit erregen. Das komplette Auftreten und Aussehen wird manipulierend dargestellt, um die Chancen eines Flirtkontakts zu erhöhen. Das ist gut so. Kaum jemand würde dieses Verhalten als Lüge bezeichnen.

Austricksen

„Na, den habe ich aber ausgetrickst!", sagt der Sportler, nachdem er ein Tor geschossen hat.

Er hat die Spieler der gegnerischen Mannschaft geschickt umspielt, weil er eine andere Spielstrategie vorgab.

Im Übertragenen gilt das Vorgehen auch im wirtschaftlichen Sinne, wenn beispielsweise ein Mitbewerber geschickt übertrumpft wurde.

Wie es der Name verrät, wird beim Austricksen ein Trick angewendet.

„Er hat durch sein professionelles Auftreten geschickt den Mitbewerber ausgetrickst."

„Ich habe die Security-Leute ausgetrickst und bin in den abgesperrten Bereich gekommen."

Die Vorsilbe des Wortes aus-tricksen zeigt bereits, dass es beim Vorgang nicht um einen harmlosen Trick (siehe unten) geht.

Das ‚aus' kann für ‚Ende' oder ‚fertig' stehen. Der Ausgetrickste erleidet einen Nachteil. Er ist sozusagen ‚aus' dem Spiel – er hat verloren.

Das bedeutet, dass es beim Austricksen einen Gewinner und einen Verlierer gibt. Gelingt das Austricksen, hat der Handelnde gewonnen. Er hat dem anderen eine irreführende Vorgehensweise vorgelogen.

Bewusste Täuschung und Tricks

Eine Täuschung ist (erst einmal) keine Lüge. Es wird etwas vorgegeben, was nicht stimmt.

Beispiel: Handyanruf. Der Angerufene sieht die Nummer auf dem Display und will nicht drangehen.

Damit vermittelt er, dass er gerade nicht da sei, anders beschäftigt sei oder den Anruf nicht gehört/wahrgenommen habe. Er täuscht somit den Anrufer.

Wird später gesagt:

„Ich habe das Klingeln nicht gehört", wandelt sich die Täuschung zur Lüge.

„Ich erhöhe!"

Wie wird beim Pokern getäuscht! Nicht umsonst wird von einem Pokerface gesprochen.

Wie wichtig und aussagekräftig die Mimik ist, wird später beleuchtet. Also gibt der Spieler vor, ein schlechtes Blatt zu haben, um seine Mitspieler zu ungeschicktem Verhalten herauszufordern.

Die zersägte Jungfrau

Auch der Zauberer sagt nicht die Wahrheit. Er gibt vor, die ‚Jungfrau' zu zersägen oder in einem Zauberschrank verschwinden zu lassen.

Die (meisten) Zuschauer wissen, dass hier lediglich mit sehr geschickt in Szene gesetzten Tricks gearbeitet wird.

Beim Trick erzielt – anders als beim ‚aus'-tricksen der Zuschauende keinen Nachteil. Bestenfalls ist er verblüfft oder überrascht.

Solcher Art Emotionen schlagen dem Tricksenden in der Regel positiv entgegen.

Der Zauberer verrät seine Tricks natürlich nicht. Er will ja auch in Zukunft noch begeistern können.

Auch dann, wenn Tricks bekannt sind, können sie noch überzeugen. Es kommt dann besonders auf das Drumherum an und auf die geschickte Umsetzung des Tricks.

Euphemismus – die Schönfärberei

Der Begriff Euphemismus geht auf das griechische Wort ,euphemia' zurück, das frei übersetzt ,Worte guter Bedeutung' heißt.

Wird eine Situation, ein Wort oder ein Sachverhalt verbal schöner oder harmloser dargestellt, als es sonst klingen würde, greift der Euphemismus.

Manche übersetzen diesen Begriff auch mit Schönfärberei, Beschönigung oder auch Glimpfwort. Verständlicherweise kann auf diese Art eine Begebenheit auch vertuscht werden.

Schönfärberei klingt harmlos, gegebenenfalls sogar begehrenswert. Erscheint etwas schöner, wirkt es harmonischer und weckt unter Umständen tatsächlich Begehren.

„Wir nehmen nur einen kleinen Abstrich", beruhigt der Arzt den Patienten.

Möglicherweise ist hier ein chirurgischer Eingriff mit gesundheitlichem Risiko verbunden.

„Wir setzen einige Mitarbeiter frei", entscheidet der Vorgesetzte.

Das klingt immer noch besser als Kündigung. Für den Mitarbeiter – Schönmalerei oder nicht – hat das dieselben Konsequenzen. Er verliert den Arbeitsplatz.

„Er ist sanft entschlafen."

Es bedeutet, dass der Betreffende gestorben ist.

Dysphemismus

Das Gegenteil von Euphemismus ist der Dysphemismus, auch Kakophemismus genannt (griechisch ,dysphemia' sind ,Worte übler Bedeutung').

Beispielsweise wird abwertend von ‚Hintermännern' gesprochen. Das sind die, die im Plenum weit hinten sitzen und kaum Entscheidungskraft einbringen können.

‚Dunkeldeutschland' stand für eine angeblich ironisch gemeinte Bezeichnung für Ostdeutschland. Dieses Wort schaffte es im Jahr 1994 fast, das Unwort des Jahres zu werden.

Augenwischerei

In diesem Zusammenhang soll auf das Wort Augenwischerei hingewiesen werden. Tatsachen werden rhetorisch verwischt beziehungsweise verdreht. Der Tatbestand bleibt, der Blick darauf wird ansprechender dargestellt.

„Das ist doch Augenwischerei, was Sie uns hier auftischen", zischt erbost der Kollege im Meeting.

Verkaufsfördernde Werbung

Tja; was ist zu dem Thema Werbung groß auszuführen? Werbetreibende bringen Millionen, vielleicht sogar Milliardenbeträge in den Wirtschaftskreislauf. Hier ließen sich Romane schreiben – und natürlich auch Fachbeiträge.

So schlecht kann aus dieser Sicht die Werbung nicht sein.

Die Werbeaussagen sind es oft allerdings schon. Denn hier werden für den Kunden Erfolge versprochen, die der Realität nicht unbedingt standhalten.

Das ist allgemein bekannt und die Wettbewerbshüter achten auch penibel darauf, dass keinerlei irreführende oder gar falsche Angaben gemacht werden. Der Konsument soll weitestgehend geschützt werden.

Lustig ist es, wenn beispielsweise auf einer Mineralwasserflasche geworben wird, dass ‚Null Prozent Fett‘ enthalten ist. Der Verbraucher denkt:

„Klasse, das muss ja gesund sein, wenn kein Fett drin ist.“

Dass in diesem Produkt sowieso kein Fett enthalten ist, fällt dabei nicht jedem auf.

Es wurde also nicht gelogen, oder doch?

„Klinisch getestet“, prangt auf der Zahnpastatube.

„Dann muss es sehr gut sein“, meint der Käufer und greift zu.

Vielleicht wurde das Produkt tatsächlich klinisch getestet – fiel aber beim Test durch. Wer weiß? Aber: Es war klinisch getestet.

Lügen durch Schweigen

„Schweigen ist edel, verschweigen nicht."
Jean Paul (Johann Paul Friedrich Richter), dt. Dichter
(1763 - 1825)

Auslassen, Weglassen, Nichts-Sagen

Etwas nicht sagen soll eine Lüge sein können? Nun, zumindest kann das Schweigen die Wahrheit in einem anderen Licht erscheinen lassen.

Nachrichten der Welt

„Ich schaue regelmäßig die Abend-Nachrichten und weiß damit, was auf der Welt los ist", behauptet einer.

Die Geschehnisse der Welt in fünfzehn Minuten? Wie soll das möglich sein? Schon der Vergleich der Informationen von Sender A mit Sender B zeigt oft verschiedene Darstellungen und damit unterschiedliche Wahrheiten.

Es wird unterstellt, dass die Nachrichtenredakteure die absolute Wahrheit vermitteln wollen. Sie wollen die Geschehnisse nicht kommentieren (es sei denn, der Bericht ist deutlich als ‚Kommentar' wiedergegeben) und fair berichten.

Höchstwahrscheinlich geschehen auf der Welt täglich so viele berichtenswerte Ereignisse, dass es schier unmöglich wird, diese in fünfzehn Minuten zu vermitteln.

So bleibt dem Redaktionsteam nichts anderes übrig als auszusortieren, was als sendenswert erscheint. Tatsächlich entscheidet also eine Gruppe von Entscheidern, was Millionen Menschen sehen und hören werden. Die Verantwortung ist riesengroß.

Ein Geschehnis, über das nicht berichtet wird, ist für die Zuschauer nicht passiert – sie wissen ja nun mal nichts davon. Glaubt der Zuschauer, sich regelmäßig über alles auf dieser Welt zu informieren, stimmt seine Annahme ganz sicher nicht. Er erhält nur einen klitzekleinen Einblick.

Pfiffig wie er ist, schaut er nun verschiedene Nachrichtensendungen, liest mehrere Tages- und Wochenzeitungen und recherchiert auch im Internet. Nun weiß er alles! Nein! Er wird merken, dass er eine Fülle an Informationen erhält, die sich dummerweise manchmal sogar widersprechen.

Wem soll er glauben? Er wird sich seine eigene Meinung bilden. Und die ist und bleibt subjektiv.

Krieg der Welten

Am 30. Oktober 1930 lauschten zahllose Menschen unglaublichen und Angst machenden Informationen aus dem Radio. Es hieß:

„Die USA werden von Marsianern angegriffen."

Es wurde erzählt, dass die Verteidiger der Erde überhaupt keine Chance hätten, der Außerirdischen Macht vom Mars Widerstand zu leisten. Viele Städte würden von den Invasoren zerstört. So wurde scheinbar authentisch berichtet.

Der ausstrahlende US-Sender CBS hat immerhin viermal in der 60-minütigen Sendung darauf hingewiesen, dass sich das Gesendete lediglich um eine fiktive Geschichte handele.

Offensichtlich haben viele Hörer diese Information überhaupt weder wahrgenommen oder aufgenommen.

Auslöser der folgenden Panik war ein Hörspiel vom US-amerikanischen Filmregisseur Orson Welles (1915 – 1985).

Er inszenierte den Roman ‚Krieg der Welten' vom englischen Schriftsteller Herbert George Wells (1866 – 1946) (The War of the Worlds).

Die Zuhörenden glaubten dem ausstrahlenden Medium.

Gerichtsshows und Co.

Erlebt die Gesellschaft heute nicht Vergleichbares, wenn tausende Zuschauer fasziniert Gerichtsshows, Immobilienverhandlungen, Polizeieinsätze verfolgen und trotz des Hinweises im Abspann davon ausgehen, dass alles Gesehene real war?

Mit den Schauspielern wird mitgefiebert, ihnen werden die Daumen gedrückt oder sie werden beschimpft. Wie weit geht hier die Realität?

Kompliment für die täuschend echt handelnden Schauspieler und Schauspielerinnen.

Dem im Internet oder im Fernsehen Gesendeten wird unkritisch geglaubt. Eine Seminarteilnehmerin in einem Seminar des Autors beharrte darauf, dass es Dinosaurier gäbe. Sie habe das im Fernsehen gesehen.

Falschaussage

Bei den Nachrichten wurde beschrieben, dass ein Weglassen von Informationen aus Zeitgründen zwangsläufig erfolgen muss. Und zwar ohne dass eine böse Absicht vorliegt.

Durch das bewusste Weglassen einiger wesentlicher Informationen, zum Beispiel als Zeuge vor Gericht, kann aus einer Aussage eine Falschaussage entstehen.

Bei der Falschaussage liegt also eine bewusste Handlung vor. Sei es, um sich selbst zu schützen oder dem anderen zu schaden. Nur – die Aussage ist unwahr.

Der Wortteil ‚falsch' im Wort Falschaussage weist bereits deutlich auf die Unrichtigkeit hin. Der sich Äußernde kann demnach nicht behaupten, „nichts gewusst zu haben".

Er hat eindeutig gelogen.

Es kann gut sein, dass eine Falschaussage zu einem Fehlurteil führt, weshalb die falsche Aussage unter Umständen strafbar ist.

Taktgefühl

Heuchelei wird als negativ, das Taktgefühl als positiv beschrieben. Ein gesundes Mitgefühl zeigt gute und zeitgemäße Umgangsformen.

Jemand ist verstorben. Es wird eine Rede vor den Versammelten gehalten.

Über den Toten wird nichts Böses oder Unschönes berichtet. Positive Eigenschaften werden hervorgehoben.

Selbst wenn einer der Trauergäste der Meinung ist, dass das Gesagte nicht stimmt, wird er taktvoll genug sein, die Rede nicht zu unterbrechen und die Trauernden in ihrer Trauer zu kompromittieren.

„De mortuis nihil nisi bene."

„Über die Toten soll man nur gut sprechen."

Fingerspitzengefühl

Um taktvoll zu sein, benötigt es ein ordentliches Fingerspitzengefühl. Früher wurde statt Taktgefühl auch Zartgefühl gesagt. Mit dem anderen oder den anderen soll also zart umgegangen werden.

Begegnet ein Passant einer überdicken Person (nett gemeint: vollschlank) auf der Straße, wird er taktvoll genug sein, dieser nicht nachzustarren.

Konsequenz: Durch Nichts-Sagen oder durch Nicht-Handeln wird in den genannten Beispielen Taktgefühl gezeigt. Unangenehme Situationen werden souverän ‚umschifft'.

Schweigen

„Reden ist Silber, Schweigen ist Gold", so heißt es im Volksmund.

Damit wird ausgedrückt, dass es in bestimmten Situationen offensichtlich sinnvoller erscheint, den Mund zu halten.

Die Lehrerin ist aufgebracht und fragt die Schüler:

„Wer hat mitbekommen, dass Jonas die Tafel beschmiert hat?"

Keiner der Schüler meldet sich. Alle schweigen beharrlich. Somit haben sie eine Chance, dass Jonas nicht bestraft werden kann, da sich keine Zeugen melden.

Das gilt auch wenn die Lehrerin fragt:

„Wer hat die Tafel beschmiert?"

Jetzt müsste ein Zeuge sogar einen Namen benennen.

Er würde riskieren, aus der sozialen Gemeinschaft (hier der Schulklasse) ausgeschlossen zu werden. Nach einem wohlüberlegten Abwägen der Vor- und Nachteile eines Ausgeschlossenseins wird er möglicherweise schweigen.

Die Schüler haben gute Gründe zu schweigen. Der ‚Täter' wird von der Gruppe geschützt. Zumindest solange, bis ein ‚Zeuge auspackt', das heißt, sein Schweigen bricht.

Loben und Wegloben

Loben ist gut – wegloben nicht. Ein nicht kündbarer Mitarbeiter ist von keinem seiner Kollegen und Kolleginnen gemocht. Er arbeitet nur das Minimum und ist nicht engagiert. Er wird als Eigenbrötler angesehen und entwickelt nicht den geringsten Team-Gedanken.

Dann kommt der Vorgesetzte auf die Idee, ihn an einen anderen Arbeitsplatz weit weg zu vermitteln.

Die dortige Position ist höher und damit auch mit mehr Gehalt verbunden, weshalb der Betreffende gerne dem Arbeitsplatzwechsel zustimmt.

Er wird dann von seinem aktuellen Vorgesetzten so gelobt, dass er diese neue Position einnehmen muss, sodass hier von ‚Wegloben' gesprochen wird.

Statt zu kritisieren, Arbeiten zu bemängeln, Fristen zu setzen und so weiter wird der gefühlte einfache Weg gewählt. Die Unzufriedenheit des Vorgesetzten wird durch eine vorgeschobene Freundlichkeit kaschiert.

Durch die nicht erfolgte Kritik vermittelt er ein anderes Bild. Er dreht die Wahrheit um. Sein Loben wird zur Lüge.

Ob der gelobte Mitarbeiter merkt, welche Strategie der Vorgesetzte anwendet, ist nicht sicher. Sehr wahrscheinlich akzeptiert er das Vorgehen, da er ja in eine bessere Position geschoben wird, die höchstwahrscheinlich mit einer höheren Bezahlung verbunden ist.

Propaganda

Wieder einmal ein Begriff aus der lateinischen Sprache. ‚Propagare' heißt ‚ausbreiten' oder ‚verbreiten'. Eine Information wird also möglichst vielen Empfängern zugängig gemacht.

Hierzu eignen sich die Medien hervorragend. Diktatoren wissen sich der Propaganda hervorragend zu bedienen.

Der Mensch, der Propaganda betreibt, ist der Propagandist. Der Propagandist hat vielfältige Möglichkeiten, seine Behauptungen ‚unter das Volk' zu bringen.

Per Ton und Bild, auf Plakaten, Postern, Wurfzetteln, auf den sozialen Plattformen in entsprechenden Medien und so weiter.

Die vielseitige Verbreitung von Lügen, Gerüchten, Behauptungen sollen ausgesuchten Personen oder Gruppen wie beziehungsweise dem Vorgehen dieser Menschen schädigen oder besonders hervorheben.

Der User sollte aufpassen, sich in seinem Denken und Handeln nicht so leicht beeinflussen zu lassen. Er sollte mündig genug sein, seine eigene Meinung zu bilden und nicht auf die leicht zu durchschauende Propaganda hereinfallen.

Manipulation

Die Propaganda unterscheidet sich von anderen Lügen dadurch, dass die Empfänger ganz deutlich manipuliert werden sollen, zu neuen Erkenntnissen zu kommen oder gar entsprechend der Idee des Senders zu handeln.

Greift die Propaganda, können komplette Gesellschaftsstrukturen zerstört werden, wie die Geschichte an vielen Beispielen zeigt.

Teil 2 – Die böse Lüge

Lügen zulasten anderer

Die bösen, schwarzen Lügen

„Ich ward getränkt mit Bitternissen und grausam von den Wanzen gebissen;
ich ward bedrängt von schwarzen Sorgen, ich musste lügen,
ich musste borgen bei reichen Buben und alten Vetteln –
ich glaube sogar, ich musste betteln."
Christian Johann Heinrich Heine, dt. Dichter
(1797 - 1856)

Der eigene Vorteil wird gesucht

Offensichtlich lügt der Mensch, weil er so leichter (und erfolgreicher?) durchs Leben gelangt.

Nach den (fast) alltäglichen Lügen wird sich nun den echten Lügen zugewendet. Diese lassen sich in drei Untergruppen gliedern.

> **1. Gruppe: Lüge, die bewusst zum eigenen Vorteil geäußert wird.**

> **2. Gruppe: Lüge, die durch eine nicht gewollte Fehlaussage entsteht.**

> **3. Gruppe: Lüge, die aufgrund falscher Vorinformation entsteht.**

Erste Gruppe: Die Lüge ist bewusst unwahr.

Der Lügende weiß, dass er die Unwahrheit sagt, um den Belogenen etwas anderes glauben zu lassen.

Sein eigener Vorteil steht im Vordergrund.

Entstehende Nachteile oder Beeinträchtigungen für den Belogenen sind dem Lügner egal.

Diese Benachteiligungen sind dem Lügner bewusst, geht es doch um seine Belange.

Zweite Gruppe: Die Lüge, die durch eine nicht beabsichtigte Fehlaussage entsteht.

Der Sprechende glaubt, die Wahrheit zu sagen.

Im Gegensatz zu den Lügenden der ersten Gruppe, die wissen was sie tun, ist sich jetzt der Lügende sich seines Vorgehens nicht bewusst.

Dritte Gruppe: Die Lüge, die aufgrund falscher Informationen zustande kommt.

Der Sprechende übernimmt eine Fehlinformation, die er selbst für wahr hält und weitergibt.

Der Lügner weiß nicht, dass er Lügen verbreitet. Und zwar deswegen, weil er davon ausgeht, dass er das selbst Wahrgenommene als Wahrheit bezeichnet.

Sein Vorgehen spricht ihn aber nicht frei. Der Volksmund sagte schon:

„Nicht wissen schützt vor Strafe nicht."

Es fallen Wörter wie ‚eigener Vorteil', ‚Fehlaussage', ‚falsche Informationen'. Diese Wörter weisen bereits darauf hin, dass hierbei ‚unlauter', also ‚unsauber' vorgegangen wird.

Infolge zeigen sich Verhaltensmuster wie Egoismus, Narzissmus, Heroismus und andere, die es zu befriedigen gilt. Die drei Gruppen werden nun genauer beleuchtet.

1. Lügen, die bewusst zum eigenen Vorteil geäußert werden

Wie bereits dargestellt, ist sich der Lügner bei dieser Art der Lüge absolut im Klaren darüber, dass er die Unwahrheit sagt.

Er nimmt dabei unter Umständen in Kauf, den Belogenen in eine Situation zu bringen, die für diesen unangenehm ist oder aus der er möglicherweise echte Nachteile erlebt. Es kann sein, dass Geheimnisse verraten werden.

Der Egoismus ist deutlich wahrnehmbar.

„Erst komme ich, dann die anderen!"

„Erst meine Belange, dann können die anderen sich hinten anstellen."

Der Lügner – natürlich auch die Lügnerin – will unbedingt Erfolg erzielen. Er geht sozusagen gnadenlos vor. Durch seine Lügen zerstört er Bestehendes und lässt unter Umständen einen ‚Scherbenhaufen' zurück.

Die Gründe für sein Verhalten können vielfältig sein. Frust, verletzter Stolz, Rache (jemandem etwas ‚heimzahlen'), Schadenfreude und andere. Hauptsache, die eigenen Absichten werden erzielt.

Ist das wirklich bei allen Lügen in dieser Gruppe so?

Die egoistische Lüge

Diese Art der Lüge, auch als vorsätzliche oder asoziale Lüge bezeichnet, stellt eine extreme Form dar. Das Wort ‚asozial' offenbart, dass un-sozial vorgegangen wird.

Die egoistische Lüge dient ganz klar dem eigenen Vorteil. Dass das Gegenüber durch diese Lüge einen Nachteil hat, wird vorsätzlich in Kauf genommen.

Das Vertrauen wird auf immer zerstört. Da diese Lügen das soziale Miteinander destabilisieren, werden sie als antisozial (antisoziale Lüge) betrachtet.

Hier wird ‚gnadenlos' gelogen. Teilweise wird so weit gegangen, dass es bis zu einer Intrige kommt.

Intrige

Eine Intrige, auch Kabale oder Ränke (Ränke schmieden), (lat. ‚intricare' für ‚in Verlegenheit bringen') geht so weit, jemanden nicht nur in Verlegenheit zu bringen, sondern ihn zum Beispiel von seiner aktuellen Position zu stürzen.

Derjenige, der intrigiert (der Intrigierende) ist der Intrigant. Es lässt sich somit problemlos unterstellen, dass der Intrigant bewusst böswillig vorgeht.

Verleumdung – Rufmord

Möglicherweise geht der Lügner so weit, dass er jemanden verleumdet. Eine Verleumdung liegt dann vor, wenn er über eine andere Person wissentlich eine ehrverletzende Behauptung aufstellt.

Beispielsweise behauptet ein Bewohner, sein Nachbar hätte jemanden ermordet. Diese Verleumdung kann für den unschuldigen Nachbarn extrem (negative) Folgen haben.

Jeder Mensch verdient Achtungswürdigkeit, die bei der Ehrverletzung gröblich verletzt wird.

Nach dem deutschen Strafgesetzbuch ist eine Verleumdung strafbar.

Üble Nachrede

Die üble Nachrede ähnelt der Verleumdung. Der Unterschied besteht darin, dass bei der üblen Nachrede davon ausgegangen wird, die Wahrheit zu sagen. Bei der Verleumdung lag die Absicht vor, eine Unwahrheit zu verbreiten.

Der Schaden für den Betroffenen kann gleich groß sein. Deshalb soll gut überlegt werden, eine üble Nachrede zu äußern.

Lügen zum Vorteil anderer – der Spion und der Doppelspion

Der Spion hintergeht sein eigenes Land und damit seine eigene Gesellschaft. Er arbeitet gegebenenfalls unter falschem Namen und handelt unter konstruierten Gründen.

Diese Vorsichtsmaßnahmen dienen dazu, sein soziales Umfeld zu täuschen.

Seine Aufgabe ist es, Informationen zu erhalten/zu stehlen und an seinen Auftraggeber weiterzuleiten. Durch diese Illoyalität belügt er das System, beziehungsweise das Unternehmen, in dem er arbeitet.

Mehr oder weniger genau betrachtet, ist es die Aufgabe des Spions zu lügen. Er wird dafür sogar bezahlt.

Statt Spion lässt sich auch Geheimagent, Spitzel, Detektiv, Ermittler oder Späher einsetzen, mit unterschiedlichem Schwerpunkt des Gebrauchs der Lüge.

Wird der Spion als Verräter oder Denunziant bezeichnet ist erkennbar, dass seine Tätigkeit abwertend beurteilt wird.

Das achte Gebot sagt aus:

„Du sollst nicht falsch Zeugnis reden wider deinen Nächsten."

Folgt der Spion dieser Anweisung?

Eine erfolgreiche Spionin war die Niederländerin Margaretha Geertruida Zelle, genannt Mata Hari (1876 – 1917). Sie arbeitete offiziell als Tänzerin, tatsächlich als Doppelagentin für den deutschen Nachrichtendienst und später für den französischen Geheimdienst.

Dabei wurde sie nicht reich. Und – wurde sogar hingerichtet.

Die parteiische Lüge

Ist Ihnen schon einmal aufgefallen, wie leicht ein Zuhörer eine Aussage eines Politikers bewertet, wenn dieser aus ‚der eigenen Partei' oder ‚aus der gegnerischen Partei' kommt.

Je nachdem, mit welcher Partei der Zuhörer sympathisiert, desto eher wird er einer Aussage zustimmen, die aus dieser Gruppe kommt.

Vergleichbares ist bei religiöser Zugehörigkeit, bei sozialen Schichten, bei gesellschaftlichen Gruppierungen (zum Beispiel bei Sportvereinen) und anderen zu beobachten.

Es entsteht eine Art ‚Sippenhaft' die ausdrückt, dass alle in einer Gruppe ähnlich denken, handeln und sich verhalten. Unter Umständen wird sogar erwartet, dass in gleicher Linie zu denken und zu handeln ist.

In kleinerer Konstellation wird das auch in der Familie oder der Partnerschaft beziehungsweise Freundschaft umgesetzt. Bei ‚Gefahr' von außen werden die Familie beziehungsweise Partner zusammenhalten.

Nicht nur das Gruppenmitglied wird geschützt, sondern auch der, der sich der parteiischen Lüge bedient.

Meineid

Das Verhalten kann so weit gehen, dass sogar ein Meineid, ein bewusst falscher Eid, beispielsweise vor Gericht, gegeben wird. Es wird absichtlich falsch ausgesagt.

In Deutschland gilt ein Meineid als Verbrechen.

Die heroische Lüge

Im Wort ‚heroisch' steckt das englische Wort ‚hero' für Held. Das Wort Held stammt vom Althochdeutschen ‚helido'.

Jemand hat also eine besondere körperliche Leistung oder rhetorische Überzeugung erbracht, die einen deutlichen Einsatz an Mut benötigte.

„Das war eine heroische Tat. Du bist ein Held."

Der Betreffende hat Heldenmut, also Heroismus, gezeigt.

Für seinen besonderen Heldenmut ist der zierlich gebaute Schneider, genannt ‚Das tapfere Schneiderlein' (Gebrüder Grimm, Jacob Ludwig Karl, 1785 - 1863 und Wilhelm Carl, 1786 – 1859) bekannt.

Das Schneiderlein brüstet sich, ‚Sieben auf einen Streich' überwältigt zu haben. Auf seinen Gürtel erstickte er:

„Siebene auf einen Streich!"

Wohl wissend, dass es sich um sieben Fliegen handelte, lässt das clevere Schneiderlein sein soziales Umfeld und alle, die ihn kennenlernen im Glauben, sieben starke Wüstlinge besiegt zu haben.

Welch heroische Tat! Hatte das Schneiderlein gelogen? Zumindest hatte es nicht die Unwahrheit gesagt, sondern andere im ‚falschen' Glauben gelassen.

Mut

Wird von einer heroischen Lüge gesprochen, beschreibt der Sender, dass er selbst etwas (Mutiges) getan habe, was dem oben erwähnten Heldentum gleichkommt.

Durch diese vermeintliche Tat wird er von dem Empfänger oder den Empfängern der Nachricht bewundert. Seine Achtung und sein Image steigen aufgrund dieser Bewunderung. Die soziale Stellung wird stärker.

Im Roman ‚Jakob der Lügner' (einem Ghettobewohner) des polnischen Schriftstellers Jurek Becker (1937 – 1997) wird solch eine Vorgehensweise erschreckend gut beschrieben.

Bei Berichterstattungen über kriegerische Handlungen ist immer wieder zu beobachten, dass die Medien des einen Kriegsbeteiligten aus ihrer Sicht berichten, die Medien des anderen Kriegsbeteiligten aus deren Sicht.

So treffen plötzlich zwei Schilderungen zusammen, die in ihrer Aussage nicht deckungsgleich sind. Unter Umständen sind sie sogar gegensätzlich. Die wenigsten Meldungen der ‚gegnerischen' Medien sind deckungsgleich.

Deshalb sind Schlachten aus der Antike schwierig zu analysieren, da die Berichterstatter beider Seiten (bewusst) falsche Angaben machten.

Sie erreichten dadurch, dass der Feind mächtiger aussah, als es der Realität entsprach und somit die eigenen Kämpfer viel mutiger erschienen, als sie es tatsächlich auf dem Schlachtfeld zeigten.

Manchmal entsteht aus einer harmlosen Mücke ein bedrohlicher Elefant.

Die soziale Lüge

Diese dient dem sozialen Miteinander, der Harmonie, dem friedlichen Miteinander.

Natürlich ist auch die soziale Lüge unmoralisch. Andererseits hilft sie dem zwischenmenschlichen Zusammenleben.

„Oh, das Essen mundet aber hervorragend", so loben die Gäste die Gastgeberin.

„Warst du beim Friseur? Das sieht ja fantastisch aus", meint die Nachbarin.

„Sie haben ein imposantes Unternehmensgebäude", schmeichelt der zum Gespräch eingeladene Kunde.

Die Beispiele zeigen, dass die soziale Lüge – zumindest in den meisten Fällen – eine harmlose Lüge darstellt. Es könnte behauptet werden, dass die soziale Lüge der zusammenhaltende Kitt im zwischenmenschlichen Miteinander ist.

Durch das Äußern einer sozialen Lüge besteht die Möglichkeit, eine harmonische, eine angenehme Stimmung zu erzeugen. Zu erkennen ist das am Lächeln des Angesprochenen. Wer hört nicht gerne positive Äußerungen?

Beleidigungen sollen nach diesen Überlegungen nicht zu den sozialen Lügen gehören – sie können passender in eine Kategorie unsoziale Lügen eingeordnet werden.

Lügen, die etwas Unangenehmes kaschieren, finden sich in der Gruppe der Notlügen.

Die Notlüge

Die Notbremse im Zug darf nur im Notfall, in der Situation größter Gefahr, betätigt werden.

Ist dieser Vorgang auf die Notlüge übertragbar?

„Notlügen sind erlaubt", ist der allgemeine Tenor der Gesellschaft.

Wann wird eine Notlüge verwendet? Sie wird eingesetzt, allerdings nicht unbedingt bei Gefahr. Sie passt besser, eine peinliche oder brenzlige Situation zu vermeiden.

Vielleicht lauert die Gefahr auf eine unbedachte Äußerung. Wahrscheinlich ist die Gefahr noch nicht eingetreten.

Der Notlügende zieht selbst keinen Vorteil aus seinem Vorgehen. Er handelt im Sinn der Situation und gegebenenfalls zum Vorteil des Belogenen.

Der Duden definiert eine Notlüge so: Eine Notlüge ist eine Lüge aufgrund einer Notsituation (um jemanden zu schonen oder um etwas Schlimmes zu vermeiden).

Im gesellschaftlichen Leben sind kleine Notlügen erlaubt, denn sie ermöglichen das weitere problemlose Zusammenleben.

„Wird schon alles gut", so beruhigt die Tochter ihren Vater, der sterbenskrank im Krankenhaus liegt.

Die Zwecklüge – die Ausrede

Wie der Name schon sagt, dient diese Lüge der Verfolgung beziehungsweise der Erreichung eines bestimmten Ziels.

Um dies zu erreichen, wird die Lüge aufgebaut und exzessiv eingehalten. Trotzdem oder deswegen bleibt sie in der Regel unmoralisch.

In abgeschwächter Form kann sie als Ausrede gelten oder auch als ‚faule Ausrede'.

„Hast du deine Hausaufgabe gemacht?", fragt der besorgte Vater seine am Computer spielende Tochter.

„Wir haben heute keine Aufgaben gekriegt", entgegnet die Tochter uninteressiert und widmet sich weiterhin ungerührt ihrer Tätigkeit.

„Kommt ihr am Sonntag zu unserer Sommerparty?", will der Nachbar wissen.

„Oh, das ist blöd, wir haben schon an anderer Stelle zugesagt", behauptet der Angesprochene.

Tatsächlich will er nicht an der Party teilnehmen.

„Darf ich Sie um eine Referenz bitten?", erkundigt sich der Studierende beim Professor.

„Mein Kontingent für dieses Semester ist schon ausgeschöpft", bedauert der Professor, der nicht gewillt ist, ausgerechnet diesem Studierenden eine Referenz auszustellen.

Die pathologische Lüge

Bisher wurden Fälle gezeigt, bei denen aus freiem Willen und Absichten gelogen wurde. Im folgenden Fall liegt ein Krankheitsbild vor.

Der zwanghafte, pathologische Drang eines Menschen zu lügen, wird als Pseudologie, Pseudologica Fantanstica (altgriechisch ‚pseudos' gleich ‚falsch') bezeichnet.

Es liegt eventuell eine narzisstische Persönlichkeitsstörung (Selbstliebe) vor. Der Narzissmus (siehe dort) wird auch als Selbstliebe oder Selbstverliebtheit bezeichnet. Der Betroffene ist extrem in sich selbst verliebt.

Der Betroffene neigt zu krankhaftem und ständigem Lügen. Dabei wird meistens stark übertrieben.

Er kann nicht anders – er muss liegen.

Münchhausen-Syndrom

Hierbei handelt es sich um ein Krankheitsbild, bei dem der Patient körperliche Beeinträchtigungen oder Verletzungen vortäuscht oder absichtlich – an sich selbst – hervorruft, um Aufmerksamkeit zu erhalten.

Interessanterweise wurde dieses Syndrom nach dem Lügenbaron Münchhausen benannt.

Der britische Psychiater und Mediziner Richard Asher (1912 – 1969) gab dem Syndrom im Jahr 1951 diesen Namen.

Hieronymus Carl Friedrich Freiherr von Münchhausen (1720 – 1797) stammte aus einer Adelsfamilie in Bodenwerder im heutigen Niedersachsen.

Nach dem Tod seines Vaters trat Münchhausen als 13-Jähriger als Page in den Dienst von Herzog Anton Ulrich von Braunschweig-Wolfenbüttel ein.

Zusammen zogen sie 1738 in den russisch-osmanischen Krieg wohl an die osmanische Krim-Festung Otschakow, wo die Lügengeschichte vom Ritt auf der Kanonenkugel entstand.

In diesem Umfeld entstanden auch noch andere, wild erfundene Lügengeschichten, mit denen Münchhausen in den adeligen Familien prahlte. Er wurde zum gern gesehenen Gast.

Das verschaffte ihm die – schmeichelhaft gemeinte – Bezeichnung Lügenbaron.

Hypochondrie

Im Gegensatz zum Münchhausen-Syndrom gibt es Menschen, die tatsächlich der festen Überzeugung sind, ernsthaft erkrankt zu sein. Ein Krankheitsbefund kann allerdings nicht nachgewiesen werden. Der Betroffene ist ein Hypochonder.

Ihm wird nachgesagt, dass er die Krankheit erfinde und damit lüge. Tatsächlich empfindet er die Krankheit als real.

2. Lügen, die durch eine nicht gewollte Fehlaussage entstehen

Widmen Sie sich nun der nächsten Gruppe der Lügen, die als solche entstehen, ohne dass es gewollt ist, eine Unwahrheit zu platzieren. Oder lässt sich das Lügen mit dem Wort ‚Irrtum' abtun?

Bitte achten Sie auf den Unterschied Fehlaussage und Falschaussage.

Unfallzeuge

„Welche Farbe hatte das Fluchtauto?"

Der den Unfall aufnehmende Polizist schaut den Zeugen aufmerksam an.

„Hm, ich denke, es war blau."

Ein anderer Zeuge meint sich erinnern zu können, dass das Fahrzeug dunkelgrau war.

War das Fahrzeug nun blau oder dunkelgrau? Oder vielleicht hatte es doch eine ganz andere Farbe?

Sehr wahrscheinlich kann die Polizei ein Lied davon singen oder ein dickes Buch schreiben, wie oft es zu Fehlaussagen von Unfallzeugen kommt. Wie kann das sein? Sind denn alle Unfallbeobachter farbenblind?

Nein, natürlich nicht. Die meisten Zeugen haben auch keinerlei Interesse daran, die Unwahrheit zu sagen.

Sie geben lediglich ihre Meinung wieder, die sich aufgrund ihrer subjektiven Wahrnehmung gebildet hat. Und diese wird beeinflusst durch unglaublich viele Faktoren.

Zum Beispiel tatsächlich, wie gut die Augen des Zeugen sind, aber auch dessen Gehör und gegebenenfalls andere Sinne. Dann beeinflusst die bisherige Lebenserfahrung.

Sieht ein Zeuge einen jungen, sportlichen Mann am Steuer, wird er vermutlich auf dessen Fahrkünste rückschließen. Dasselbe gilt für die alte Dame.

Die ‚Bilder‘, die der Zeuge im Kopf hat, ergänzt er nun mit seinen Wahrnehmungen und bildet daraus seine eigene Wahrheit.

Ein zweiter Zeuge hat eine eigene und damit eine andere Wahrheit. Schon prallen zwei verschiedene Wahrheiten aufeinander. Welche ist richtig? Beide? Keine?

Keiner der Zeugen hatte die Absicht, eine unwahre Aussage zu machen. Sie sind der Meinung, wahrheitsgemäß zu antworten.

Statt

„Das Auto war blau" lieber

„Nach meiner Erinnerung war das Auto blau".

Gerüchte

Eine ganze Menge Unwahrheiten entstehen ungewollt durch Gerüchte. Eine Person nimmt etwas wahr und baut sich eine passende Wahrheit dazu auf. Dann wird etwas behauptet und schon ist ein Gerücht in die Welt gesetzt.

Behaupten Sie deshalb nicht:

„Frau Mertens hat eine Beziehung mit Herrn Schulte."

Es sei denn, Sie sind sich ganz sicher! Aber dann ist es ja die Wahrheit.

Ansonsten ist es eine Feststellung. Sie zementieren eine (richtige/falsche?) Wahrheit. Um das zu vermeiden können Sie sagen:

„Frau Mertens soll eine Beziehung mit Herrn Schulte haben."

Sie beschreiben Gehörtes; es muss demnach aber nicht stimmen.

Noch besser:

„Laut Frau/Herrn X soll Frau Mertens eine Beziehung mit Herrn Schulte haben."

Sie benennen die Quelle und ziehen sich sozusagen aus der Schusslinie. Am allerbesten ist: Nichts sagen. Dann wird das Gerücht nicht ‚gefüttert'.

Ein Gerücht:

- verbreitet sich unkontrolliert,

- wird meist mündlich übertragen,

- ist unverbürgt,

- wird oft verzerrt, entstellt oder verfälscht (aus einer Mücke wird ein Elefant gemacht),

- verbreitet sich umso schneller, je betroffener der Empfänger der Nachricht auf das Gerücht reagiert,

- verstärkt sich, wenn fehlende Informationen die Fantasie der Empfänger anregt,

- verbreitet sich schneller, wenn es sich um ein ‚zweideutiges' Gerücht handelt.

Wird ein Gerücht bewusst in die Welt gesetzt, zum Beispiel um jemandem zu schaden, dann handelt es sich um eine Unwahrheit der ersten Gruppe der Lügen.

Es wird immer wieder behauptet, an jedem Gerücht ‚sei was dran'. Das soll bedeuten, dass es bei einem Gerücht einem (kleinen) wahren Kern geben soll.

Diese Annahme soll nicht darüber hinweghelfen, dass es in der Regel besser ist, sich zurückhaltend im Bereich der Gerüchteküche zu bewegen.

Rosenthal-Effekt – die Leitung hat recht

Zu vorliegenden Betrachtungen passend, wird hier der Rosenthal-Effekt beziehungsweise der Versuchsleiter-Effekt geschildert. Es wird gezeigt, wie die eigene Wahrnehmung ungewollt verändert wird.

Der deutsche Psychologe Robert Rosenthal (1933 – 2024) ließ 12 Studierende an einem ‚Ratten-Versuch‘ teilnehmen.

Die Laborratten wurden auf Intelligenz getestet. Alle Ratten stammten genetisch vom selben Stamm ab.

Einer Hälfte der Studenten, hier die Gruppe X genannt, wurde mitgeteilt, dass es sich um intelligente Ratten handele. Der anderen Gruppe Y wurde gesagt, dass es eher dumm gezüchtete Ratten seien.

Beide Studentengruppen machten exakt dieselben wissenschaftlichen Versuche. Und wie sah das Ergebnis aus?

Unglaublich, aber die Ratten der Gruppe A erzielten ein besseres Ergebnis. Die Studierenden der Gruppe X hatten wissenschaftlich sauber (!) nachgewiesen, dass diese Ratten intelligenter handelten.

Wie ist so etwas möglich? Stammten doch alle Ratten vom selben genetischen Stamm ab? Sie müssten demnach auch dasselbe Ergebnis zeigen, zumal sie ja unter wissenschaftlichen, das heißt kontrollierten, wiederholbaren Testbedingungen getestet wurden.

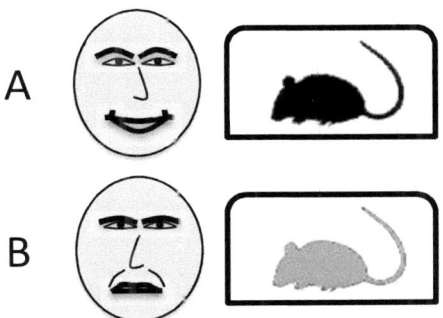

Tja, wenn der Versuchsleiter sagt, dass in einer Gruppe intelligentere Ratten sind, dann muss hier zwangsläufig auch ein besseres Ergebnis erzielt werden.

Die Leitung hat recht!

„Aus besseren Verhältnissen"

Tragisch wird dieser Effekt dann, wenn Schulkinder oder Studierende die Klasse wechseln und im Vorfeld vom Schulleiter die willkürliche Information gegeben wird, dass der Schüler aus ‚besseren Verhältnissen' stammen soll.

Was geschieht mit dem Klassenkameraden aus ‚schlechteren Verhältnissen'? Sie können schon erahnen, wie die Noten der beiden Schüler am Jahresende ausfallen.

Rosenthal hat genau solch ein Experiment 1968 an US-amerikanischen Grundschulen durchgeführt. Er informierte das Lehrerkollegium über sehr intelligente Schüler, deren Zukunft bedeutende Ergebnisse zeigen würden.

Spätere Intelligenztests der ausgewählten Schüler ergaben einen um 20 bis 30 Punkte höheren IQ als vorab. Unglaublich.

Also Vorsicht vor Hinweisen dieser Art, wenn Sie die Rolle des Vorgesetzten einnehmen.

Selbst seriös durchgeführte Untersuchungen müssen damit infrage gestellt werden.

Eine Ausnahme ist dann zu sehen, wenn Sie bewusst die Ergebnisse verfälschen wollen. Dann können Sie sich diesen Effekt zunutze machen.

Es lässt sich bei diesem Versuch gut erkennen, wie die eigene Wahrheit empfindlich beeinflusst wird.

Das Experiment zeigt hervorragend, dass sich ein Mensch (fast) nicht freisprechen kann, in vergleichbarer Situation auch so zu handeln – und damit die Wahrheit ungewollt und unter Umständen extrem verfälscht.

Irrtum

Da hat sich der Schüler in der Mathe-Klausur vollkommen vertan. So viele Fehler? Dabei hatte er tagelang vorher geübt. Vielleicht hat er sich ja bei den Lösungen getäuscht.

Er hat geschrieben: $17 + 14 = 32$. Dabei war er der Meinung, dass er eine richtige Lösung gefunden hat. Für ihn war es die Wahrheit. Er hat also nicht gelogen. Tatsächlich heißt es:

$17 + 14 = 31$. Das ist richtig und damit die Wahrheit.

Es wäre Unfug, in solch einem Zusammenhang von Lüge zu reden. Bestenfalls wird hier von einem Irrtum gesprochen.

Bedauerlicherweise irren sich viele Schülerinnen und Schüler häufiger ...

Keine Jahreszahl Null

In der Menschheit haben sich eine ganze Menge Irrtümer zugetragen.

Zum Beispiel gibt es keine Jahreszahl Null. Es gibt 1 vor Christus und 1 nach Christus. Wird von 1 nach Christus gesprochen, sind am Ende des Jahres zwölf Monate vergangen.

Wurde jemand am 1.1.1 geboren sind bis zum 1.1.10 neun Jahre vergangen.

Fälschlicherweise rechnen die meisten vom nicht existierenden Jahr 0 bis 1 Jahr gleich 12 Monate. Die Römer kannten die Zahl Null nicht.

Wurde jemand am 1.1.10 v. Chr. geboren und lebte bis zum 1.1.10 n. Chr., sind das wie viele Lebensjahre?

```
10 – 9 – 8 – 7 – 6 – 5 – 4 – 3 – 2 – 1 – 0 – 1 – 2 – 3 – 4 – 5 – 6 – 7 – 8 – 9 – 10
 ↑   ↑   ↑   ↑   ↑   ↑   ↑   ↑   ↑   ↑   ↑   ↑   ↑   ↑   ↑   ↑   ↑   ↑   ↑   ↑   ↑
```

20 Jahre? Nein, es sind nur 19, da das Jahr Null nicht existiert.

```
10 – 9 – 8 – 7 – 6 – 5 – 4 – 3 – 2 – 1 – 1 – 2 – 3 – 4 – 5 – 6 – 7 – 8 – 9 – 10
 ↑   ↑   ↑   ↑   ↑   ↑   ↑   ↑   ↑   ↑   ↑   ↑   ↑   ↑   ↑   ↑   ↑   ↑   ↑   ↑
```

Deshalb begann das 3. Jahrtausend nicht am 1.1.2000 sondern erst am 1.1.2001. So viel zu Irrtümern.

„Welcher Wochentag ist heute, Liebling?"

„Heute ist Mittwoch, Schatz."

„Ähm, ist nicht schon Donnerstag?"

Keine Lüge, sondern ein Irrtum.

Irrtümer seit Generationen

Haben Sie von diesen Irrtümern schon gehört?

„Holland ist dasselbe wie die Niederlande."

„Blindschleichen sind blind."

„Kühe sind lila."

Holland ist lediglich ein Teil der Niederlande, sowie Nordrhein-Westfalen ein Teil Deutschlands ist.

Die Blindschleiche (übrigens eine Echse und keine Schlange) ist nicht blind.

Genauso wenig ist die Kuh von Natur aus lila.

3. Lügen, die aufgrund falscher Vorinformationen entstehen

Weiter oben wurde von Gerüchten gesprochen. Wenn einer hört:

„Frau Mertens hat eine Beziehung mit Herrn Schulte.", dann kann er dem Sender dieser Information glauben.

Zur Erinnerung:

„Glauben heißt nicht wissen."

Er wird nun sein echtes oder scheinbares Wissen weitertragen und verbreitet damit ungewollt eine Lüge.

Oben ist bereits beschrieben, wie sich hier abgesichert werden kann.

„Laut Frau/Herrn X soll Frau Mertens eine Beziehung mit Herrn Schulte haben."

Sie projizieren die Verantwortung auf Frau/Herrn X und sind damit nicht direkt belangbar. Allerdings, das soll fairerweise erwähnt werden, sprechen Menschen untereinander kaum so.

Behauptungen

„Die wollen die Steuer erhöhen."

„Die da oben kümmern sich sowieso nicht um unsere Belange."

„Die bei den Verkehrsbetrieben machen morgens ja sowieso erstmal eine Kaffeepause."

Das mögen drei beispielhafte Aussagen sein, die täglich tausendfach zu hören sind.

Was steckt wirklich hinter diesen Aussagen? Das wird üblicherweise weder überprüft, noch kann es in diesem Augenblick überprüft werden.

Also Vorsicht mit Behauptungen oder Aussagen, die Sie von Drit-
ten haben. Sie können nicht immer wissen, ob sie tatsächlich der
Wahrheit entsprechen oder bereits ‚eingefärbt' wurden. Machen
Sie sich nicht unwillentlich zu einem, der Lügen verbreitet.

Übrigens:

„Die Erde ist flach."

Spinat ist gesund

Wie vielen Kindern und Jugendlichen wurde Spinat regelrecht
eingetrichtert. Spinat war doch angeblich so gesund und eisen-
haltig. Er sollte stark machen.

Alles beruht auf einer falschen Angabe in einer älteren Nährwert-
tabelle. Dort wurde für frischen Spinat ein Eisengehalt von 35 mg
pro 100 g angegeben. Tatsächlich enthält der Spinat nur 4,1 mg
Eisen pro 100 g.

Zu viel Spinat umsonst gegessen?

Teil 3 – Die selbstbetrügende Lebenslüge

„Mach' dir doch nichts vor!"

Das Leben ist Wahrheit und Lüge

*„Nehmen Sie einem Durchschnittsmenschen die Lebenslüge,
und Sie nehmen ihm zu gleicher Zeit das Glück."*
Henrik Johan Ibsen, norw. Schriftsteller
(1828 - 1906)

Ehrliches Zusammenleben

Nun soll sich dem Thema Wahrheit und Lüge aus leicht angehauchter philosophischer Sicht genähert werden.

Dabei bleiben alle religiösen Gedanken außen vor, wie sich das Leben entwickelt haben soll.

Der Mensch muss und will überleben

Irgendwann in grauer Uhrzeit waren ‚plötzlich' Menschen auf diesem Planeten. Um überleben zu können, bildeten sie soziale Gruppen beziehungsweise Familienverbände.

Der Mensch als Einzelner hätte keine Chance gehabt, in der feindlichen Umwelt zu überleben.

Das bedeutet, dass das soziale zwischenmenschliche Zusammenleben außerordentlich wichtig wurde, damit die Menschheit nach Jahrtausenden heute dort ist, wo sie angekommen ist.

Regeln für die Gruppe

Damit das Zusammenleben möglichst reibungslos verlief, bauten sich in den Gruppen automatisch gewisse Regeln für das Miteinander auf.

Diese hatten teilweise mit Glauben und Aberglauben (siehe dort) zu tun, hatten manchmal aber auch ganz naheliegende praktische Gründe.

Die Regeln galten nun als wichtig, ja sogar überlebenswichtig für die Gruppe.

In der überschaubaren Kleingruppe von geschätzten vierzehn Personen war jede helfende Hand wichtig. Der ungeplante Verlust einer Person riskierte das Wohl der gesamten Gruppe zum Kippen zu bringen. Demnach musste es ein geregeltes Miteinander geben.

Die einzelnen Gruppenmitglieder kannten die aufgestellten Regeln und folgten ihnen. Sie wurden von jedem als richtig und damit als wahr angesehen. Die Wahrheit war entstanden.

Das, was nicht den Regeln entsprach galt automatisch als falsch. Sobald jemand einem anderen die Wahrheit vorgaukeln will – Gründe wurden im ersten Teil des Buches genügend aufgezeigt – wird die Lüge Bestandteil des Zusammenlebens.

Und die Lüge wird bestimmt auch damals schon ihr Werk angerichtet haben.

Es war demnach ziemlich schnell klar, dass nur die Kombination von Wahrheit und Lüge das soziale Zusammenleben auf Dauer ermöglichte.

Das Aufeinandertreffen verschiedener Wahrheiten

Weitere Herausforderungen zeichneten sich ab, wenn Gruppen aufeinandertrafen, die für sich verschiedene Wahrheiten in Anspruch nahmen.

Zwangsläufig mussten sie andere mit deren Wahrheit und den eigenen Regeln folgend, als Lügner betrachten. Konflikte ließen sich kaum vermeiden.

Bis in die heutige Zeit zeigt sich deutlich, dass es diese Konflikte gibt, die bis zu kriegerischen Auseinandersetzungen führen können.

Die mündige Gesellschaft schafft es auch nach Jahrtausenden des Zusammenlebens offensichtlich immer noch nicht, verschiedene Ansichten (Wahrheiten) nur durch zielorientierte Gespräche zu lösen.

Greift alles Taktgefühl und alle Diplomatie nicht mehr, zeigen jegliche kommunikativen Möglichkeiten keine Gemeinsamkeit, wird zu modernen, tödlichen Kriegswaffen gegriffen.

Die eigene Wahrheit wird dem anderen mit Kraft gegen dessen Willen übergestülpt.

Jeder ist Teil der Überlebens-Wahrheit

Das heißt nicht zwangsläufig, dass jeder alles ‚gottgegeben‘ hinnehmen muss. Jeder kann und soll seinen kleinen Beitrag dazu leisten, Auseinandersetzungen beziehungsweise Konflikte möglichst zu minimieren oder gar nicht erst entstehen zu lassen.

Denn: Da in diesen Überlegungen davon ausgegangen wird, dass es kein höhergestelltes Wesen irgendwelcher Art gibt, das den Menschen lenkt, müssen die Regeln trotzdem ,irgendwo' herkommen. Nämlich von der Gesellschaft. Und Menschen sind Teil der Gesellschaft.

Es gibt keine absolute Instanz, die vorgeben kann, was Wahrheit und was Lüge ist. Die Menschheit selbst und damit wiederum jeder Einzelne baut sich und anderen das Leben so, dass es für jeden Einzelnen passt.

Je nach Werteempfindung zeigt sich auf der einen Seite eine Priorität, was als richtig und damit als wahr gilt. Das bedeutet, dass sich die Menschheit sozusagen ,durch das Leben durchwurschtelt'.

Je nach Gegebenheit (zum Beispiel Klimakrise, Kriege und so weiter) muss ein angepasster Weg gefunden werden.

In einer eigenen Welt leben

So dürfte es auch weiter keine große Verwunderung auslösen, wird auf einen Menschen getroffen, von dem gesagt wird „der lebt in seiner eigenen Welt."

Dieser Einzelne hat sich – zumindest aus Sicht der anderen – seine eigene Lebenswelt aufgebaut. Er entscheidet selbst, wie er leben möchte, woraus folgt, dass er seine eigenen Wahrheiten aufbaut.

Es ist nachvollziehbar, dass der Einzelgänger mit seiner eigenen Wahrheit und seinen Wertungen von ,richtig' und ,falsch' in der Regel Schwierigkeiten hat, von der Gesellschaft akzeptiert zu werden.

Überwiegend deswegen, weil er anders lebt als die meisten. Er lebt anders als ‚üblich', was die meisten Menschen als ‚normales' Leben bezeichnen würden.

Er lebt außerhalb der Norm. Allein das genügt schon, dass er argwöhnisch beäugt und sehr wahrscheinlich distanziert behandelt wird. Es kommt immer wieder zu Reibereien.

Eine Nische in der Gesellschaft

Soweit dieses Individuum es schafft, sich in einer Nische einzunisten, ohne dass es zu handgreiflichen Auseinandersetzungen mit den genormten Menschen kommt, mag das alles hinnehmbar und akzeptierbar sein.

Je mehr der Einzelne in die Gesamtheit der Gesellschaft integriert sein will, desto mehr muss er sich zwangsläufig wieder den Regeln unterwerfen, um ein ‚normales' Leben führen zu können.

Ein ewiges Auf und Ab von Spannungen entsteht.

Der Einzelne mit seiner individuellen Lebensstrategie muss es schaffen, sich in die Gesellschaft einzubringen. Nachvollziehbar, dass er sich teilweise selbst verbiegen und anlegen muss, um gesellschaftskonform leben und überleben zu können.

Verschwörungstheorie

„Der Mensch hat den Mond nie betreten!"

Das behauptet ein Verschwörungstheoretiker. Er bekräftigt seine Behauptung mit unzähligen Argumenten und Beweisstücken, die die vermeintliche Lüge enttarnen.

Interessanterweise klingen die vermeintlichen Beweise – zumindest zum Teil – nachvollziehbar. Gegenbeweise oder Gegenargumente lässt der Verschwörungstheoretiker allerdings nicht zu. Seine Behauptungen stimmen – zumindest seiner festen Meinung nach.

Unbeirrt behaupten einige, der damalige US-Präsident John Fitzgerald Kennedy (1917 – 1963) soll von der CIA oder von der Mafia ermordet worden sein. Die Verschwörungstheorie hält sich hartnäckig.

Noch skurriler: Sogenannte reptiloide (echsenartige) Lebewesen bewegen sich unter der Menschheit. Sie unterwandern die öffentliche Ordnung und die Regierung.

Damit diese Außerirdischen unerkannt bleiben, gestalten sie ihr Äußeres menschenähnlich. Wie pfiffig.

Unzählige Verschwörungstheorien begleiten die Menschheit, da angenommen wird, etwas Unheimliches (meist Bösartiges) würde der Öffentlichkeit vorenthalten.

Die Lebenslüge – die Selbstlüge

„Die größte Lebenslüge vieler Menschen ist die,
dass sie zu leben meinen."
Peter Sirius (eigentlich Otto Kimmig), dt. Dichter
(1858 - 1913)

„Sich etwas in die Tasche lügen"

Es scheint nicht auszubleiben, dass sich Menschen – nach außen treten sie wie alle in der Gesellschaft auf – aus diesem komplexen Verhaltensmuster ausgliedern.

Sie biegen sich ihr Leben so zurecht, wie sie es gerne hätten. Allerdings innerhalb der Gesellschaft und damit im Gegensatz zum oben beschriebenen sichtbaren Einzelgänger.

Der versteckte Einzelgänger

Damit der Betreffende in der Gesellschaft unauffällig sein eigenes Leben auch leben kann, täuscht er nicht nur hier und da andere, sondern auch sich selbst. Jetzt wird von einer Selbsttäuschung gesprochen.

Je ausgefallener diese Selbsttäuschung wird, desto eher gerät der Betreffende in die Falle der Lebenslüge, die er sich selbst gestellt hat.

Diese Lebenslüge wird für ihn zur Wahrheit.

Er richtet sich in dieser Lebenslüge ein, da er alles so dreht und wendet, wie er es gerade braucht. Das gibt ihm eine gewisse Sicherheit und Mut zum Weiterleben.

Erkennen der Lebenslüge

Es darf davon ausgegangen werden, dass sich der Betreffende nach wie vor darüber im Klaren ist, sich seine eigene Welt wahrzubiegen, seine eigene Wahrheit zu leben.

Er verbraucht viel Energie, um nach außen das gesellschaftlich geachtete und ‚normale‘ Leben zu zeigen – und dem Schein nach zu leben.

Die Lebenslüge der Gesellschaft – Die Doppelmoral

Bisher wurde von einer Person gesprochen, die sich in ihrer Lügenwelt bewegt. Das Verhalten kann allerdings auch komplette Gruppen betreffen.

Der Begriff Lebenslüge soll vom oben zitierten norwegischen Dramatiker Henrik Johan Ibsen (1828 – 1906) Ende des 19. Jahrhunderts eingeführt worden sein.

Ibsen sah die sogenannte Doppelmoral in der Gesellschaft und damit das ‚unwahre‘ Auftreten der Menschen.

„Die machen sich doch alle was vor.“

Es geht dabei nicht um den Einzelnen, sondern um die komplette Gesellschaft.

Innerhalb einer Gesellschaftsschicht muss sich so und so verhalten werden. Andere Gesellschaftsschichten verhalten sich anders. Die verschiedenen sozialen Schichten führen allerdings keine kriegerischen Auseinandersetzungen gegeneinander.

Sie akzeptieren, teilweise mit skeptisch hochgezogenen Brauen, dass es andere Schichten im Leben gibt beziehungsweise geben muss.

Es ist noch gar nicht so lange her, dass Heiratswillige der verschiedenen Schichten nur innerhalb ihrer eigenen Schicht verehelicht werden durften. Das ‚Vermischen' der Schichten war nicht nur verpönt, sondern verboten.

In einigen Ländern dieser Erde ist das übrigens nach wie vor so. Also bedeutet das, dass komplette Gesellschaftsgruppen konform handeln.

Eine ständige Lüge das komplette Leben lang

Wenn von Lebenslüge gesprochen wird, ist ins Bewusstsein zu rücken, das von der Lüge des Lebens geredet wird. Vom kompletten Leben.

Irgendwann beginnt die Lebenslüge und hält unter Umständen bis zum Lebensende an. Unter der Berücksichtigung, dass ein Mensch nur ein Leben leben darf, hört es sich fast traurig an, wenn das ‚liebe lange Leben' aus einer Lüge besteht.

Lässt sich von der Strategie der Lebenslüge nicht wieder ins übliche Leben zurückkehren?

Nicht mehr Erkennen der Lebenslüge

Von der Gruppe geht es nun wieder zu einem Individuum zurück. Bei den bisherigen Betrachtungen wurde immer davon ausgegangen, dass der Betreffende weiß, wie sein Stellenwert in der Gesellschaft angesehen wird.

Gedanklich wird ein Schritt weitergegangen.

Die Tat – Flucht von der Unfallstelle

Folgendes Beispiel: Ein Einzelner hat etwas Schreckliches erlebt, vielleicht sogar selbst getan. Stellen Sie sich vor, dass er bei Dunkelheit jemanden überfuhr und Fahrerflucht beging. Er weiß, dass er sich gänzlich falsch verhalten hat.

Aus für andere nicht relevanten Gründen entscheidet er sich aber, diese Tat zu verschweigen. Aus seiner Sicht hat er Glück, dass er nie als Täter gefunden wird.

Trotzdem schleppt er diese Schuld ein Leben lang mit sich herum. Diese Schuld wird sein Leben ab sofort beeinflussen. Die Schuld wird ihn ‚beißen', sodass es zu Gewissensbissen kommt.

Damit er die Möglichkeit hat, sein Leben weiterhin einigermaßen vernünftig leben zu können, wird er nun alles daransetzen, dass niemals irgendeiner die Tat aufdeckt.

Hört er mit Freunden von einer vergleichbaren Tat im Radio, wird sein Verhalten so sein, dass seine Freunde nicht auf die Idee kämen, dass er selbst jemals solch eine Tat begangen haben könnte. Möglicherweise verurteilt er sogar lautstark das Verhalten des Unfallflüchtigen.

Nach und nach wird er sich mit dieser Lebenslüge abgefunden haben.

Die Lüge ist Bestandteil seines Lebens geworden – die Wahrheit ist gegebenenfalls so weit entrückt oder verdrängt, dass sie schon gar nicht mehr als real gesehen wird.

Die Tat – die fehlende Lebenspartnerin

Um ein Beispiel einer ganz anderen Art zu nennen, wird hier ein junger Mann betrachtet.

Aus unbekannten Gründen schafft es der junge Mann nicht, eine Partnerschaft, geschweige denn eine dauerhafte Liebe, aufzubauen.

Obwohl der junge Mann alles daransetzt, eine glückliche Beziehung erreichen zu können, schafft er es nicht. Egal, wie er sich windet und anstrengt, er bleibt erfolglos.

Damit er sich nach außen nicht ständig rechtfertigen muss, wird er irgendwann anfangen, Erklärungen zu geben, die sein Alleinsein nachvollziehbar machen.

Erklärungen und Akzeptanz der eigenen Situation

So wird er beispielsweise äußern, dass aufgrund seiner beruflichen Herausforderungen eine Partnerschaft für ihn überhaupt nicht infrage käme.

Außerdem sei er recht freiheitsliebend und könne ja einen (auch kurzfristigen) Austausch (auch sexueller Art) jederzeit mit einer anderen Person haben, wenn er nur wolle.

Der junge Mann reift heran und wird älter. Er richtet sich nun in seinem Leben entsprechend ein, da es für ihn offensichtlich keine Alternative gibt.

Es steht wohl niemandem zu, über solch ein Leben oder ein Verhaltensmuster zu urteilen.

Schon gar nicht dann, wenn es sich um ein ungewolltes Alleinsein handelt. Dazu ist die Situation zu tragisch.

Der Mann schafft das Leben, genauer gesagt sein Leben nur dann, wenn er die eigenen Lebenslügen als Wahrheit akzeptiert. Seine Lügen werden zu <u>seiner</u> Wahrheit.

Falls er das nicht schafft, besteht ein hohes Risiko, dass er psychisch oder physisch erkrankt.

Es ließe sich hier abschließend sagen, dass diese Art der Lebenslüge hilft, den Menschen überleben zu lassen. Der junge Mann kann somit als Single weiter- und überleben.

In vielen Fällen kann es ratsam sein, sich einer Person anzuvertrauen. Manchmal öffnet sich in einem Austausch ein hilfreicher Weg zurück ins ‚wahre' Leben.

Hochstapelei

Ein Hochstapler will mehr erscheinen, als er ist. Er stellt eine höhere Position im Beruf oder in der Gesellschaft dar, täuscht mehr Wissen, Erfahrung oder finanzielle Mittel vor.

Das Wort Hochstapler stammt aus der mittelalterlichen Sprache der Bettler, dem Rotwelsch. Stapeln heißt betteln; hoch steht für ‚gibt sich höher‘, vornehmer aus, als er ist.

Noch heute gelten ‚die da oben‘ als Teile der elitären Gesellschaft oder im Unternehmen die Vertreter der Geschäftsführung.

Als Hochstapler ist beispielsweise der als Hauptmann von Köpenick auftretende Schumacher Friedrich Wilhelm Voigt (1849 – 1922) bekannt, sowie der Schriftsteller Karl Friedrich May (1842 – 1912), der zeitweise als Augenarzt in Erscheinung trat.

Verfilmt wurde die Geschichte des US-amerikanischen Scheckbetrügers Frank William Abagnale Jr. (*1948), der sich beispielsweise erfolgreich als Copilot der Pan American Airways ausgab und den Job zufriedenstellend ausübte.

Aus der Literatur sind ‚Felix Krull‘ vom deutschen Schriftsteller Paul Thomas Mann (1875 – 1955) und ‚der gestiftete Kater‘ der Gebrüder Grimm (Wilhelm Carl 1786 – 1859 und Jacob Ludwig Karl 1785 – 1863) bekannt.

Zurück in die Realität. In Norddeutschland bewarb sich ein Postbote um die Stelle eines Oberarztes in einer Fachklinik für Psychiatrie.

Er bekam die Stelle, arbeitete dort jahrelang, bis er zufällig durch eine Nachbarin enttarnt wurde. Insgesamt arbeitete er 15 Jahre als Arzt, zeitweise in leitender Position.

Hochstapler treten selbstbewusst und überzeugend auf. Sie wählen erstrebenswerte und/oder machtgeführte Positionen aus.

Je selbstbewusster und überzeugender sie auftreten, desto eher wird ihnen geglaubt.

Unter Umständen halten sie Fach-Vorträge oder werden zu wichtigen Events eingeladen, weshalb sie a) bekannter werden und b) ihr Netzwerk ausbauen können. Beides hilft ihnen, beruflich noch weiterzukommen und bekannter, sowie erfolgreicher zu werden.

Andere Menschen sonnen sich in ihrem Glanz. Der Hochstapler muss – wie alle Lügner – ein ausgezeichnet gut arbeitendes Gedächtnis haben, um sich nicht zu widersprechen.

Mehr Schein als Sein

Der Drang, mehr Schein als Sein zu produzieren, wird immer ausgeprägter. Deshalb kommt der Hochstapler irgendwann zu Fall, weil durch seine Gier ein bestimmtes Verhaltensmuster offenbar wird, was die Scheinkarriere einbrechen lässt.

Oder er wird durch Zufall entlarvt, wie beispielsweise der weiter oben erwähnte Postbote.

Viele überführte Hochstapler geben an, dass sie froh sind, enttarnt zu sein. Die Last des aufgebauten Lügengerüsts fällt von ihnen wie unnützer Ballast ab. Sie kamen selbst aus der eigenen Lebenslüge nicht mehr heraus.

Bigamie

Ist ein Mann mit zwei Frauen gleichzeitig verheiratet, ist er ein Bigamist. Die beiden Frauen wissen voneinander nicht. Mit beiden Frauen bringt er Kinder zur Welt in seinem Doppelleben.

Bigamie kommt aus dem Lateinischen ‚bis‘ für zweimal und dem Griechischen ‚gamos‘ für ‚Ehe‘.

Der Mann hetzt zwischen den beiden Leben hin und her und sorgt dafür, dass beide Partnerschaften oder Familien vernünftig oder gar glücklich laufen.

Lässt sich vorstellen, wie viel Organisationstalent hinter solch einem Verhalten steckt? Und ist es klar, wie viele Lügen er ständig verbreiten muss, um beiden Partnerschaften gerecht zu werden?

Auch bei der Bigamie wird das aufgebaute Lügengerüst täglich größer, verzweigter, verschachtelter und damit verzwickter.

In Deutschland ist Bigamie übrigens verboten.

Polygamie

Von Polygamie wird gesprochen, wenn ein Mann mit mehr als einer Frau eine gesetzliche Lebens-Verbindung eingeht. Hier wird von Vielehe gesprochen.

Im Gegensatz zur Bigamie wissen die Frauen voneinander. In vielen Ländern der Erde ist Polygamie erlaubt.

Übrigens: Polyandrie, Vielmännerei, heißt der Begriff, wenn eine Frau offiziell mit mehr als einem Mann verheiratet ist.

Wahrheiten und Lügen beeinflussen das Unbewusste

„Nicht nur das Tiefste,
auch das Höchste am Ich kann unbewusst sein."
Sigmund Freud (Sigismund Schlomo Freud), österr. Psychiater
(1856 - 1939)

„Ich weiß doch was ich tue!" – Oder doch nicht?

Die meisten Menschen würden behaupten zu wissen, was sie tun, wie sie sich verhalten, was richtig und falsch ist. Es ist ihnen bewusst, wie sie ihr Leben bestmöglich leben.

Bewusst bedeutet, dass sie über jeden einzelnen geplanten und ausgeführten Schritt nachdenken können. Die Vorgehensweisen befinden sich im Bewusstsein.

Spätestens seit Sigmund Freud ist bekannt, dass ein Teil des täglichen Lebens durch das Unterbewusstsein beziehungsweise Unbewusstsein gesteuert wird.

Dummerweise kann das Unbewusstsein nicht individuell analysiert werden, sonst wäre es ja nicht das Unterbewusstsein. Auch kann die Größe oder der Umfang des Unbewussten nicht bekannt sein.

Interessanterweise gibt es doch eine ganze Menge Bereiche im Leben, die deutlich zeigen, wie das menschliche Verhalten – und damit die individuelle Wahrheit – gesteuert werden, ohne dass der Einzelne bemerkt, dass er etwas unbewusst tut.

„Ich habe es ja gleich gewusst." – Der Primacy-Effekt

In diesem Zusammenhang ist der erste Eindruck ein gutes Beispiel.

Sie sehen jemanden und sagen später:

„Ich habe sofort gewusst, dass der …".

Woher wussten Sie das sofort? Wohlgemerkt sprechen Sie von ‚wissen', nicht von ‚annehmen'.

Hier hat die selbsterfüllende Prophezeiung ihre Finger im Spiel.

Der Erste Eindruck ist entscheidend

Sehen Sie einen Gesprächspartner zum ersten Mal, wird sich ein erster, wichtiger Eindruck bei Ihnen zu dieser Person in Bruchteilen von Sekunden bilden.

Sie finden ihn sympathisch oder selbstbewusst oder schick oder eben nicht. Ihre eigene Erwartungshaltung spielt hier eine Rolle. Begegnungen mit anderen Menschen in früheren Zeiten beeinflussen diesen Eindruck.

Wichtig ist allerdings: Wenn Sie jemanden als sympathisch einstufen, wird er aufgrund der sich selbsterfüllenden Prophezeiung nach Ihrem Empfinden auch sympathisch sein.

Mögen Sie jemanden nicht, werden Sie ihn wahrscheinlich auch nach einigen Wochen nicht mögen. Sie werden ihm auch kaum eine Chance einräumen zu zeigen, dass er vielleicht doch ganz sympathisch ist.

Ihre Entscheidung ist schon längst gefallen – und wurde zu Ihrer Wahrheit.

Gehen Sie deshalb möglichst unvoreingenommen in Gespräche und Treffen. Geben Sie jedem wirklich die Möglichkeit, sich zu entwickeln, bevor Sie Ihr Urteil fällen.

Umgekehrt können Sie darauf achten, dass Ihr Gegenüber von Anfang an einen positiven Eindruck von Ihnen erfährt.

Das gelingt Ihnen leichter, indem Sie offen, positiv eingestellt und lächelnd auf den anderen zugehen. Dann sind die Folgegespräche leichter und Ihr Erfolg setzt schneller ein.

Der Erste Eindruck beeinflusst so weit, dass aufgrund der eigenen, unbewusst getroffenen Entscheidung das weitere Zusammensein geprägt wird.

1. Beispiel: Sie sehen eine Person. Sie denken:

„Diese Person ist sympathisch.“

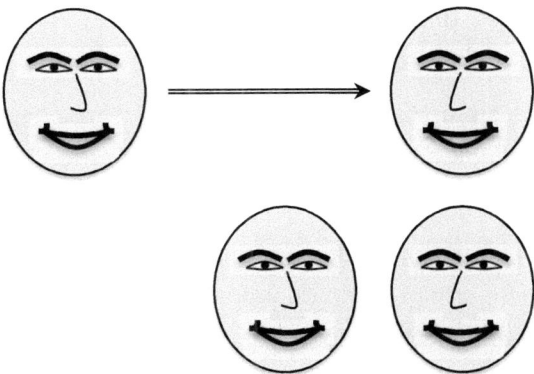

Folge: Sie haben keine Probleme, mit dieser Person Kontakt aufzunehmen.

2. Beispiel: Sie sehen eine Person. Sie denken:

„Diese Person ist unsympathisch."

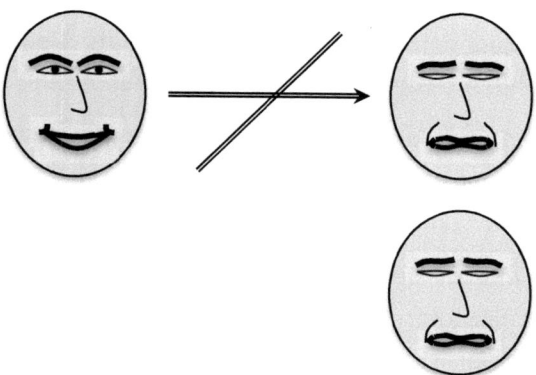

Folge: Sie geben dieser Person keine Chance, Sie besser kennen-zulernen. Sie (ver-)meiden Kontakt.

Es liegt also an Ihnen, ob ein weiterer Kontakt zu der anderen Person entstehen wird.

Nur weil Sie die erste Person als sympathisch eingeschätzt ha-ben, ist ein mögliches, positives Aufeinandertreffen möglich.

Sagt Ihnen hingegen Ihre eigene Wahrnehmung (Ihre eigene subjektive Wahrheit), in der anderen Person eine unsympathi-sche zu sehen, erfolgt keine Kontaktaufnahme. Eine Zusammen-arbeit wird wohl nicht erfolgen.

Sie werden nie wissen, ob es möglicherweise auch mit dieser Person zu einem angenehmen Austausch hätte kommen können – da Sie es nie versuchten.

Tatsächlich sollte formuliert werden:

„Die Person <u>wirkt</u> (statt <u>ist</u>) sympathisch/unsympathisch auf mich."

Aber wer redet schon so? Sie haben schon nach kürzester Zeit (nach maximal 7 Sekunden) Ihre eigene Wahrheit gebildet.

Je nachdem, wie Ihre Wahrheit ausgefallen ist, beeinflussen Sie ungewollt Ihre Zukunft. Demnach sind Sie aktiv an Ihrem weiteren Lebensverlauf beteiligt.

Verzerrung

Die Fachwelt spricht hier von einer Verzerrung, zum Beispiel der Verzerrung der Wahrheit.

Der US-amerikanische Soziologe Robert King Merton (1910 – 2003) hat erkannt, dass die Handlung einer Person so verzerrt wird, dass das ‚was sein soll' auch ‚ist'. Hier wird von der Schaffung der ‚sich selbst erfüllenden Prophezeiung' gesprochen.

Vorsicht, wenn Sie sagen:

„Das schaffe ich nicht", dann werden Sie es nicht schaffen.

Meinen Sie:

„Ich habe da ein Problem", dann haben Sie auch ein Problem.

Also formulieren Sie anders:

„Das schaffe ich" beziehungsweise „Ich werde diese Herausforderung meistern."

Schutz

Weshalb ist das so? Wieso verhält sich der Mensch so? Das ist relativ leicht zu beantworten.

Diese Vorgehensweise hilft ihm, sich zu schützen. Ein kleines Kind ist aufgrund des Alters und der damit mangelnden Erfahrung mit anderen Menschen viel unkomplizierter. Es geht unbedarft auf einen Fremden zu.

Erst durch den Einfluss beziehungsweise die Beeinflussung der Eltern, Geschwister, des sozialen Umfeldes wird das Kind sich so entwickeln, dass es sich ‚scheinbar' überlegt verhält. Es passt sein Verhalten so an, dass der eigene Schutz bestehen bleibt.

Vorurteil

Der Erwachsene hat genügend Erfahrung im zwischenmenschlichen Bereich gesammelt. Er hat Typen kennengelernt, die ihn schlecht behandelt, ihn geschädigt oder belogen haben.

Trifft er nun auf eine Person, die gewisse vergleichbare Äußerlichkeiten wie der Übeltäter von früher zeigt, erklingt sofort ein Warnsignal.

„Vorsicht! Abstand wahren!"

Der Erwachsene schafft es somit, drohende Gefahr zu erahnen und sie damit abzuwenden. Er kann sich in seinem Leben geschützter bewegen.

Aber: Nur, weil einer aussieht wie ein Bösewicht heißt das noch lange nicht, dass er einer ist. Hier wird auch von Vorurteilen gesprochen.

Unvoreingenommenheit

Um den beschriebenen Effekt weitestgehend zu entgehen, müssten Sie fast wie eine gefühllose Maschine agieren.

Sehen Sie jemanden zum allerersten Mal, dürften Wertungen wie „Der ist sympathisch" überhaupt nicht durch Ihren Kopf schießen. Selbstverständlich auch nicht, wenn die Person Ihnen unsympathisch erscheint.

Sie müssten dann die Kraft aufwenden, Gedanken dieser Art nicht zuzulassen. Besser wäre es, jedem dieselbe Chance einzuräumen, egal ob Sympathie vorliegt.

Diese Vorgehensweise ist zumindest bedingt möglich, wenn Sie selbst so vorgehen wollen.

Der Vorteil für Sie liegt auf der Hand: Sie treten viel mehr Menschen unparteiisch gegenüber als bisher. Sie würden den Menschen die Möglichkeit geben, sich in Ihren Augen zu entwickeln.

Werten beziehungsweise urteilen könnten Sie später immer noch.

Der beschriebene Primacy-Effekt zeigt deutlich, dass ein Mensch kaum unvoreingenommen durchs Leben schreiten kann. Denn unzählige Vorurteile beeinflussen das zwischenmenschliche Verhalten.

Wenn Sie es schaffen, Vorurteile abzubauen, nähern Sie sich dem Weg des bewussten Verhaltens. Das bewusstgewordene Verhalten dürfte als fair bezeichnet werden.

Placebo-Effekt – Der Glaube versetzt Berge

Jetzt kommt der – wenn auch nicht religiös gemeinte – Glaube ins Thema.

Schmerzen

Stellen Sie sich vor: Sie liegen nach der Operation erschöpft im Krankenhaus. Es ist Abend. Sie können nicht einschlafen, da Sie nach der Operation Schmerzen quälen.

Nach längerem Zögern entschließen Sie sich, die Krankenschwester um ein Schmerzmittel zu bitten.

Nach einer Weile kehrt die Krankenschwester zurück und verabreicht Ihnen das gewünschte Mittel. Es dauert nicht lange und Sie können schmerzfrei einschlafen.

Was war geschehen? Sie glauben selbstverständlich, dass Ihnen die geschulte Krankenschwester ein wirksames Mittel gegen Ihre Schmerzen gab. Vielleicht hat sie nur eine unschädliche Zuckerlösung verabreicht.

Sie selbst gehen davon aus, ein echtes Medikament erhalten zu haben. Aufgrund dieser Annahme, Ihres Vertrauens in das Wissen der Krankenschwester und eben aufgrund des Placebo-Effekts, wirkt interessanterweise das Präparat.

Dieses Medikament (Scheinarzneimittel) wird Placebo genannt. Es wirkt nur aufgrund des ‚Scheins'. Der Schein, ein echtes Medikament zu sein.

Ich werde gefallen

Das medizinische Wörterbuch, Pschyrembel, erklärt den Begriff Placebo so:

„‚Ich werde angenehm sein‘ beziehungsweise ‚ich werde gefallen‘; aus dem Lateinischen ‚placere‘.

Es handelt sich um ein Scheinmedikament mit einer unwirksamen indifferenten Substanz.“

Das Placebo greift also nicht aufgrund seiner medizinischen Inhaltsstoffe, sondern dadurch, dass der Glaube an die richtige Entscheidung des Arztes, beziehungsweise der Glaube an die heilende Wirkung des Scheinmedikamentes greift.

Tatsächlich lassen die Schmerzen nach. Hier passt der Spruch „Der Glaube versetzt Berge“.

Der Placebo-Effekt greift also, weil Ihre Erwartungshaltung als Patient (die Krankenschwester gibt Ihnen ein schmerzstillendes und wirksames Medikament) funktioniert. Und die erwartete Wirkung setzt ein.

Sollten bei Ihnen nach Einnahme dieses ‚Schmerzmittels‘ die Schmerzen nicht nachlassen, werden Sie nach angemessener Zeit die Krankenschwester wieder zu sich bitten.

Sie erhalten erneut ein Medikament. Und jetzt ein echtes! Schlafen Sie gut.

In Krankenhäusern wird durch diese Vorgehensweise vermieden, Patienten unnötig mit Medikamenten vollzupumpen.

Angeblich wirkt der Placebo-Effekt bei ca. 50 Prozent aller Fälle, also immerhin bei jedem zweiten Patienten.

Placebo-Responder

Patienten, die auf Placebos ansprechen, werden Placebo-Responder genannt.

Interessanterweise sollen zwischen 10 und 25 Prozent der Patienten, die ohne ihr Wissen ein Placebo erhielten, über Nebenwirkungen wie Kopfschmerzen oder Depressionen geklagt haben. Was ja ‚eigentlich' auch nicht sein kann, da das Placebo ja keinerlei Wirkung auslösen dürfte.

Wie lässt sich der Placebo-Effekt auf das tägliche Leben anwenden? Denken Sie positiv! Tragen Sie einen Glücksbringer bei sich, dann wird Ihnen dieser in kritischen Situationen helfen.

Allerdings bezieht sich dieser Effekt ja auf Scheinmedikamente. Wenn Sie Ihren Geschäftspartnern oder Kunden von der stärkenden Wirkung eines Produkts mit einem tollen neuen Zusatz erzählen, kann hier, in Ihrem Sinn, der Placebo-Effekt wirken.

Nicht vergessen: Es ist der Glaube, der Berge versetzt!

Nocebo-Effekt – Zweifel an der Wirksamkeit

Glaube hin, Glaube her. Es gibt genügend Menschen, die sich hierdurch nicht irritieren lassen. Interessanterweise gibt es einen Gegeneffekt zum Placebo-Effekt.

Der Nocebo-Effekt ist das Gegenteil vom Placebo-Effekt. Haben Sie Zweifel an der Wirksamkeit von Medikamenten, reduziert sich deren Wirkung in Ihrem Körper. Gegebenenfalls wird die Wirkung sogar komplett aufgehoben. Das ist fast unglaublich.

Das bedeutet im medizinischen Sinn: Wenn Sie einer Behandlung skeptisch gegenüberstehen, steht der Behandlungserfolg auf wackeligen Beinen.

Als betreuende Ärztin oder Arzt ist es deshalb sinnvoll, den Patienten positiv auf eine Behandlung einzustimmen, um den Nocebo-Effekt möglichst zu vermeiden.

„Ich will dir ja glauben, aber ..." – Der Aberglaube

Der nächste Schritt führt vom Glauben zum Aberglauben.

Hier wird kurz darauf eingegangen, wie Aberglaube entsteht und weshalb er heute immer noch von vielen Menschen praktiziert wird und damit die Wahrheit manipuliert.

So fing es an

Begeben Sie sich zu den Anfängen der Menschheit und beobachten eine Gruppe, die sich vor heftigem Regenguss, Blitz und Donnern schützend zusammenkauert.

Diese gewaltigen Kräfte werden übernatürlichen Wesen (Göttern) zugeschrieben; ansonsten wäre das Unwetter nicht erklärbar.

Glaube

Der Glaube war geboren. Der Glaube an eine höhere Macht. Der Glaube half, Unerklärbares zu akzeptieren und zu verstehen und auf diese Art beruhigt weiterleben zu können. Es war ja ‚logisch', dass irgendjemand hinter den extremen Wetterausbrüchen stehen musste. Dieser ‚Irgendjemand' muss offensichtlich viel kräftiger und mächtiger als der Mensch sein.

Deshalb wird zu Beginn des vorliegenden Buches davon gesprochen, dass der Belogene dem Lügner glauben muss. Sonst könnte die Wirkung einer Lüge nicht greifen.

Der Glaube half und hilft über Jahrtausende hinweg bis heute, vieles im Leben zu akzeptieren, was mit der eigenen mentalen Intelligenz nicht erklärbar war oder ist.

So entwickelten sich Glaubensrichtungen in allen Kulturen, die mehr oder minder für die jeweilige Gesellschaft gültig waren.

Die Religion und damit die Kirche gewannen eine relativ große Macht und einen beachtlichen Einfluss bei der Bevölkerung.

Nun gab es allerdings auch Personen, die von den allgemeinen Glaubenslehren abweichen und an die Wirkung magischer, übernatürlicher Kräfte in Menschen oder Dingen glauben.

Gewissermaßen praktizierten sie schließlich einen gegensätzlichen Glauben.

Aberglaube

Spätestens von jetzt an lässt sich von Aberglaube (auch Aberglauben) sprechen.

Seit dem zwölften Jahrhundert gibt es in der spätmittelhochdeutschen Sprache den Begriff ‚abergloube'. Dabei steht das ‚aber' für ‚wider'; sozusagen als gegen den Glauben.

An anderer Quelle wird das Wort ‚Afterglaube' erwähnt, das für Missglauben steht, und aus religiöser Sicht ein falscher Glaube ist, der von der geltenden Glaubenslehre abweicht.

Solch ein Verhalten wurde und wird als Aberglaube bezeichnet und schnell als heidnisch betrachtet. In den Augen des Klerus galt dieser als ketzerisch.

Schon entstand die fürchterliche Jagd auf Zauberer und Hexen, die im 15. Jahrhundert voll ausbrach.

Weshalb wurde denn überhaupt Aberglaube praktiziert? Das gesellschaftliche System wurde durch die politischen und religiösen Verantwortlichen geregelt.

Durch abergläubisches Handeln konnte (vermeintlich) darüber-hinausgehenden, drohenden Gefahren aus dem Wege gegangen werden.

So war es möglich (natürlich im Sinne des Aberglaubens), Un-glück abzuwenden oder Glück herbeizuführen.

Kausale Zusammenhänge

Wer mit offenen Augen durchs Leben geht, wird Zusammen-hänge zwischen Ursache und Wirkung erkennen. Er sieht:

„Wenn ..., dann ... ".

„Wenn ich die Saat rechtzeitig aussähe, dann werde ich später eine erfolgreiche Ernte einbringen können."

Aufgrund dieser Kausalität (Beziehung zwischen Ursache und Wirkung) konnte sich das Leben entwickeln. Erst eine Ursache, dann eine Wirkung.

Dummerweise werden manchmal kausale Zusammenhänge her-gestellt, wo es gar keine gibt.

Trägt der Sportler beim Wettkampf rote Socken und fährt einen Gewinn ein, stellt er möglicherweise einen nichtzutreffenden Zu-sammenhang her.

Er sieht als Ursache für seinen Erfolg das Tragen der roten So-cken.

Es kann sein, dass er in Zukunft immer wieder bei sportlichen Wettkämpfen eben diese roten Socken trägt. Hier kommt auch die oben erwähnte sich selbsterfüllende Prophezeiung ins Spiel.

Sicher ist sicher

Selbst für den relativ aufgeklärten Zeitgenossen, der rational denkend sein Leben genießt, gibt es eine überraschend große Zahl an Aberglaube-Verhaltensmuster.

In täglichen Leben gibt es viele Situationen, in denen der Aberglaube nach wie vor eine Rolle spielt.

Um niemanden zu kompromittieren wird alles Mögliche vermieden, was – im Sinne des Aberglaubens – ein Risiko bedeuten könnte.

Zum Beispiel: Hände nicht über Kreuz reichen – keine 13 Personen an derselben Tafel platzieren – Salzstreuer nicht umwerfen – nichts Böses beschwören – beim Tod eines Menschen die Spiegel im Haus verhängen – vierblättriges Kleeblatt zu Silvester verschenken – Hals- und Beinbruch wünschen und scheinbar unendlich vieles mehr.

Im Zusammenhang mit vorliegendem Thema ist nachvollziehbar, der Aberglaube muss nicht schädlich sein, indem sich der Mensch ,etwas vormacht'. Nach dem Prinzip „Sicher ist sicher!", da er offensichtlich nicht die komplette Wahrheit des Lebens kennt.

Also, eine Lebenslüge in dieser Form soll akzeptiert sein. Dann lässt es sich beruhigt zurücklehnen und auf Gutes hoffen.

Toi, toi, toi!

Bilde ich mir mein Leben nur ein?

„Im Menschen ist nicht allein Gedächtnis, sondern Erinnerung."
Thomas von Aquin, it. Philosoph
(1224 - 1274)

Spielen die eigenen Erinnerungen einen Streich?

Manchmal funktioniert das Gedächtnis nicht so, wie es gewünscht wird.

„Wo habe ich nur die Autoschlüssel hingelegt?"

Hat es das Gedächtnis wirklich nicht geschafft, dieses Wissen für einige Stunden zu speichern?

Die Erinnerung nach zehn Tagen

Wenn Sie wollen, fragen Sie doch mal eine Freundin oder einen Freund, was es vor zehn Tagen bei ihr oder ihm zum Abendessen gab. Die meisten Menschen können sich nicht daran erinnern.

Wie ist das möglich? Und wie war das bei Ihnen? Können Sie sich noch erinnern? Sie waren doch schließlich dabei, als Sie Ihr eigenes Abendessen eingenommen haben.

Wenn Sie nicht gerade an bestimmten Wochentagen immer das Gleiche essen, oder vor zehn Tagen ein besonderer Abend zelebriert wurde, ist die Information nicht mehr gespeichert.

Es hieße dann:

„Ich habe vergessen, was ich dort gegessen habe."

Haben Sie es wirklich vergessen?

Möglicherweise hat sich das Gedächtnis gar nicht die Mühe gemacht zu speichern, welche Speisen Sie zu sich nahmen.

Mit jedem Tag, den Sie länger leben, ist es für Ihr Gedächtnis nachvollziehbar, dass Sie ein Abendessen zu sich nehmen.

Haben Sie in den vergangenen Jahren jemals aus wichtigem Grund aus dem Gedächtnis abrufen müssen, was sie zehn Tage vorher aßen? Eher nicht.

Ihr Gedächtnis hat gelernt, dass es diese Informationen als unbedeutend einstuft und es somit keinen Wert hat, diese zu speichern.

Sie müssen nicht fürchten, dass Ihre Gedächtnisleistung nachlässt, weil Sie sich nicht erinnern können. Für Ihr Gedächtnis ist diese Vorgehensweise ‚normal' und spart Energie.

Aufmerksamkeit

Drehen Sie den Spieß um. Erinnern Sie sich an ein besonders gutes Essen zu einem schönen Ereignis. Sei es ein Gala-Menü anlässlich eines Jubiläums, ein besonderes Geburtstags-Essen oder gar das Hochzeits-Menü? Ein regionales, bisher unbekanntes Essen im Urlaub?

Machen Sie den Selbsttest und rufen Sie sich die Speisen ins Gedächtnis. Vielleicht gelingt es Ihnen. Vielleicht sehen Sie sogar die angerichteten Speisen vor sich. Eventuell können Sie sich sogar an Geschmack und Geruch erinnern.

Überlegen Sie sich, wie lange Ihre Erinnerung in diesem Fall zurückreicht. Mehr als zehn Tage, oder?

Sie können festhalten: Schenkte Ihr Gehirn oder Ihr Gedächtnis einem Vorgehen besondere Aufmerksamkeit, hielt es dies für wert, es zu speichern. Sie können die Erinnerung noch Jahre später abrufen.

Schön wird schöner

Damit ist grob erfasst, wie das Gedächtnis funktioniert. Unwichtiges wird nicht gespeichert, Wichtiges sehr wohl.

Vergessen Sie bitte nicht, dass Ihr Gedächtnis sozusagen Ihre Persönlichkeit beheimatet. Sie sind es demnach selbst, die beziehungsweise der dazu beiträgt, Erinnerungen zu speichern. Sie wissen, dass Erinnerungen die Basis Ihrer Gegenwart ausmachen und Ihre Zukunft beeinflussen.

Noch deutlicher ausgedrückt: Je nachdem, was Sie sich merken, hilft das der Gestaltung Ihrer Zukunft.

Und nun kommt das große Aber. Haben Sie ein angenehmes Ereignis gespeichert, also etwas Schönes, dann wird die Erinnerung an dieses Schöne im Lauf der Jahre immer schöner.

Hätten Sie nach Jahren die Möglichkeit, die Erinnerung noch einmal live zu erleben, würden Sie höchstwahrscheinlich einen deutlichen Unterschied feststellen. Meistens wären Sie sogar etwas enttäuscht. Und zwar deshalb, weil die Erinnerung – da sie ja immer schöner wird – Ihnen eine Wirklichkeit vorzauberte, die ursprünglich gar nicht so war.

Groß und größer

Menschen, die vor dem Bau der innerdeutschen Mauer ihr Wohnhaus das letzte Mal sahen und nach dem Fall der Mauer das Gebäude erneut aufgesucht haben, sind meist enttäuscht.

Nicht nur über den möglichen Verfall nach diesen vielen Jahren. Sondern – und hierum geht es gerade – das Gebäude wirkt in der Regel kleiner und unscheinbarer, als es in Erinnerung war.

Auch hier hat das Gedächtnis einen Streich gespielt. Das, was jemand als ansprechend gespeichert hat, wird im Lauf der Erinnerung ansprechender und größer.

Nicht auf die Erinnerung schwören

Das Gedächtnis ist eine wunderbare Einrichtung. Ohne Gedächtnis könnten Sie nicht so leben, wie Sie es tun.

Trotzdem muss der Mensch eingestehen, dass das Gespeicherte meistens mit der Realität nicht eins zu eins übereinstimmt.

Vielleicht haben Sie auch schon einmal gehört, dass jemand ausrief:

„Ich hätte schwören können, dass ...“

In wenigen Fällen sind die Angaben aus der Erinnerung genauso, wie sie damals waren.

Treffen Sie sich mit ‚alten‘ Bekannten und tauschen sich über gemeinsam Erlebtes aus, werden Sie schnell feststellen, wie viele Details Ihnen entfallen waren beziehungsweise wie viele Einzelheiten Sie ganz anders im Kopf hatten.

Fazit

Erkennt nun jemand, dass seine Erinnerungen nicht 100-prozentig der Wahrheit entsprechen, könnte er traurig werden.

Das muss er allerdings nicht; es ist auch sinnlos. Die Erinnerung funktioniert nun einmal so.

Es kann ihm nur bewusstwerden, dass die vielen Erinnerungen, die er als Wahrheit und Lebens-Wahrheit abgespeichert hat, nur bedingt dieser entsprechen.

Nun könnte jemand sagen: Die Erinnerung baut auf Lügen auf. Das erscheint in der Tat etwas zugespitzt.

Gibt es allerdings nur die Alternativen Wahrheit und Lüge, wird es schwierig zu beschreiben, was tatsächlich gespeichert wird.

Seien Sie vorsichtig mit Behauptungen, die Sie aufstellen.

Selbst wenn Sie felsenfest von der Wahrheit überzeugt sind, sollte klargeworden sein, dass Ihre Behauptung nicht der Wahrheit entsprechen muss.

Sichern Sie sich ab, indem sie beispielsweise sagen:

„Soweit ich mich erinnere, war es so und so ...".

Sie lassen sich somit eine Hintertür offen; und Sie vermeiden, ungewollt die Unwahrheit zu sagen.

Kann mir ein anderer falsche Erinnerungen ins Gedächtnis bringen?

Na, was ist denn das für eine Frage? Es ist ja schon schlimm genug zu akzeptieren, dass die eigenen Erinnerungen den Menschen zum Narren halten können. Kann es nun möglich sein, dass eine fremde Person es schafft, meine eigenen Erinnerungen bewusst zu verfälschen?

Ja, tatsächlich ist das möglich. Dr. Julia Shaw (*1987), eine deutsch-kanadische Psychologin, führte hierzu hochinteressante Experimente an der kanadischen Universität von British Columbia durch. Sie brachte 2016 das Buch „Das trügerische Gedächtnis: Wie unser Gehirn Erinnerungen fälscht" heraus.

Vergessene Straftaten

Zu einem Versuch an der Universität wurden 30 Kandidaten mit einem Durchschnittsalter von 20 Jahren eingeladen. Ihnen wurde vorgegeben, ‚vergessene' Erinnerungen mit Hilfe eines Experiments wieder ins Bewusstsein holen zu können.

Die Eltern der Kandidaten hatten im Vorfeld versichert, dass ihre Kinder niemals Kontakt mit polizeirelevanten Aktionen hatten.

In Einzelgesprächen behauptete nun die Psychologin, dass die Eltern in einem ausgefüllten Fragebogen von einem Vergehen ihrer Kinder im Alter zwischen 11 und 14 Jahren detailliert berichtet hätten und, dass zu diesem Vorfall die Polizei eingeschritten wäre.

Weiter ließ Frau Shaw die Kandidaten wissen, dass es natürlich ganz selbstverständlich sei, Unangenehmes aus dem Gedächtnis zu verdrängen.

Es ist sicher, dass die 30 Kandidaten keinerlei Erfahrungen in dieser Richtung vorzuweisen hatten. Umso überraschender war das Ergebnis am Ende der Versuchsreihe.

Immerhin haben 21 der 30 Teilnehmer und Teilnehmerinnen am Ende eine Straftat zugegeben. Unglaublich! Es stellte sich sogar heraus, dass sich die Befragten nach und nach an Details erinnern konnten, sogar an Beteiligte des vermeintlichen Vergehens.

Wahre Erinnerungen nicht stattgefundener Ereignisse

Am Ende der Versuchsreihe war für die 21 Personen klar, dass sie sich in ihrer Jugend Schuld haben aufladen lassen.

Zur Erinnerung: Alle Kandidaten waren absolut unschuldig. Ist das nicht erschreckend? Konnte es tatsächlich sein, dass die Psychologin es schaffte, falsche Erinnerungen als Wahrheit abrufen zu lassen?

Nicht vergessen: Es gab überhaupt keine Erinnerungen, da vorher niemals etwas geschehen war. Und trotzdem waren die Jugendlichen sicher, die erwähnten Straftaten erlebt zu haben. Frau Shaw wird im Spiegel wie folgt zitiert:

„Man kann in die Leute offenbar alles Mögliche hineinfragen … Die Polizei sollte deshalb vorsichtig sein, wenn sie Verdächtige verhört."

Seien Sie deshalb aufmerksam, wenn ein anderer versucht, Ihnen etwas einzureden oder Sie zu manipulieren. Wenn Sie Pech haben, glauben Sie am Ende wirklich daran, etwas gemacht zu haben, was Sie nie machten.

Sie würden sich eine Lebenslüge aufbauen lassen, die ihr Leben total verändern könnte. Vorsicht mit der vermeintlichen Wahrheit!

Teil 4 – Der respektlose Egoismus

„Zuerst komme ich!"

Egoistische Persönlichkeitstypen

„Der Mensch ist ein mittelmäßiger Egoist:
Auch der Klügste nimmt seine Gewohnheit wichtiger als seinen Vorteil."
Friedrich Wilhelm Nietzsche, dt. Philosoph
(1844 - 1900)

Die innere Unruhe

Im Jahr 2016 zeigt eine Umfrage unter deutschen Autofahrerinnen und -fahrern ein deutlich erhöhtes Stressempfinden im Vergleich zu früher.

Laut ADAC-Staubilanz 2015 gab es in Deutschland 568.000 ‚Stauereignisse' (im Jahr 2015) mit einer Gesamtlänge von mehr als 1,1 Millionen Kilometern, rund 28-mal rund um die Erde, wie der Spiegel 32/16 so schön vergleicht.

Wie viele unnütze Wartezeiten entstehen hierdurch? Laut ADAC rund 341.000 Staustunden.

Selbstverständlich sind nicht nur die Staus verantwortlich für das gestiegene Stressgefühl der Autofahrer. Ganz deutlich beschweren sich die Fahrzeugführer über rigorosen Umgang im Straßenverkehr, über eine massiv wachsende aggressive und rücksichtslose Fahrweise.

Ungeduld

Gleichzeitig wächst durch die ständig neu eingeführten technischen Möglichkeiten der Nutzung des Internets und der Smartphones, die Ungeduld, alles sofort sehen und erledigen zu können.

Angewählte Internetseiten müssen in Nullkommanichts für den User aufgebaut sein; sonst verliert er bereits die Geduld und wechselt auf eine andere Stelle.

Schneller und noch schneller

Schnell, schneller und immer noch schneller scheint die Devise zu sein.

So sollte angenommen werden, dass mehr Zeit bliebe, um auszuruhen oder sich eine Pause zu gönnen. Das Gegenteil ist der Fall. Die vermeintlich gewonnene Zeit wird sofort wieder in die pausenlose Suche nach Neuem investiert.

Die Konsequenz: Je schneller sich alles entwickelt, desto mehr entsteht das Gefühl der Zeitknappheit. Je mehr Gelegenheiten ein Mensch hat sich zu betätigen, desto mehr muss er auf Vieles verzichten. Das Gefühl, die Zeit laufe weg, verstärkt sich ständig.

Aktuell haben in hiesiger Kultur bis zu 95 % aller Jugendlichen bis 18 Jahren Zugang zum Internet.

Sie leben mit dem Internet und sozusagen in diesem. Mehrere Stunden täglich verbringen viele damit, sich aus der schier unendlichen Vielfalt der angebotenen Videoclips ein Filmchen nach dem anderen anzusehen und Freunde auf diesen Clip hinzuweisen.

Viele junge Leute kommen gar nicht mehr richtig zur Ruhe.

Dieses Verhalten ist demnach in tausenden Familien zu beobachten und überträgt sich auf unglaublich viele Arbeitsbereiche.

Koste es was es wolle

Nichts scheint unmöglich. Alles ist machbar! Koste es was es wolle!

Dieses Denkverhalten ist in der Gesellschaft und damit auch bei immer mehr Führungskräften zu beobachten.

Zwar stellen sich viele Mitarbeiter vor, mit einem netten und einfühlsamen, verständnisvollen und fairen Chef arbeiten zu dürfen. Die Realität zeigt oft anderes.

Manager-Typen gehört die Welt?

Welche Typen werden denn nun tatsächlich erfolgreiche Führungskräfte? Sind es die Netten? Oder sind es nicht doch eher die Gnadenlosen, die zielorientiert Vorgehenden? Sind es die Fixen, die schnell die Lücken im System erkennen? Oder jene, die die Schwachstellen in der Gesetzgebung und im Steuersystem ausfindig machen – und auch sofort ausnutzen?

Diese Managerinnen und Manager werden mit dicken Geschäftswagen belohnt, mit Boni und Sonderleistungen, mit beeindruckendem Arbeitsplatz und mehr als üppigem Gehalt.

Es bleibt nicht aus, dass diese erfolgreichen Führungskräfte das Gefühl haben, ihnen gehöre die Welt.

Wozu brauchen Sie noch den ‚kleinen' Mann auf der Straße? Der stört höchstens das Fortkommen, was – um den gedanklichen Kreis zu schließen – eher den flüssigen Straßenverkehr blockiert und die oben erwähnten Staus produziert.

Liebe Leserin, lieber Leser, die hier (vielleicht) etwas überspitzt dargestellte Situation muss und soll nicht für gut gehalten werden. Es sind zunächst einmal nur die täglichen Beobachtungen der Zeit von heute.

Ob Sie sich selbst in dieser Verhaltensart mitziehen lassen wollen, bleibt selbstverständlich Ihnen überlassen.

Egoismus

Betrachten Sie die Geschehnisse im täglichen Umfeld, ist das egoistische Verhalten Einzelner nicht uneingeschränkt zu befürworten?

Im Wort Egoismus steckt Ego, lateinisch für ‚ich'. Egoismus wird bezeichnet als Ich-Bezogenheit, Selbstliebe, Eigenliebe, Eigennützlichkeit, Eigeninteresse. Puh, nicht gerade eben sehr positive Wortbedeutungen.

Grundsätzlich ist zu befürworten, wenn ein Mensch genügend Selbstbewusstsein zeigt im Sinne von „sich seiner selbst bewusst zu sein".

Das bedeutet, dass er sich Gedanken über sein Ich macht. Er kennt genau seine Stärken und Schwächen; er weiß, welche Ziele er erreichen kann und will und vor allem auch, <u>wie</u> er sie erreichen kann.

Er macht sich demnach immer wieder Gedanken zu und über sich selbst. Die immer wieder gestellte Frage „Wer bin ich?" kann er ruck, zuck beantworten.

Ich versus Wir

Je mehr der Egoist das Ich in den Vordergrund rückt, desto mehr verliert er den Blick auf das Wir.

Im klassischen Familienverbund zeigt sich seit mehreren Jahren Folgendes: Das Wir geht immer mehr verloren. Die Familie ist über die ganze Welt verstreut. Im besten Fall versucht sie, mit Hilfe der technischen Medien den Kontakt untereinander zu halten.

Generation Z

Die Generation Z achtet noch viel mehr als die vorangegangene Generation Y auf die eigenen Belange.

„Wichtig ist, dass es <u>mir</u> gut geht."

„Ich arbeite da, wo <u>ich</u> will."

„Und wenn es mir nicht gefällt, bin ich wieder weg. Und zwar ganz schnell."

Die früher übliche Loyalität im Sinne von „wir sitzen alle im selben Boot" gehört der Vergangenheit an.

Was waren das noch für Zeiten, als die komplette Generation der sogenannten 68er, die für mehr sexuelle und gesellschaftliche Freiheit auftrat und nicht nur im Erscheinungsbild, sondern auch tatsächlich darauf abzielte, die Frauen sowie den Mann – gleichwertig auf allen Ebenen – zu behandeln. Wie groß war das Wir-Gefühl!

Vielleicht kommt dieser Gedanke oder noch mehr der Wunsch nach der Umsetzung wieder. Im Augenblick scheint es nicht akut zu sein. Das Ich steht im Vordergrund.

Politische Beispiele rund um den Globus sind täglich zu beobachten und davon zu berichten. Bestenfalls wird das Wir vorgeschoben, um ein individuelles Interesse durchzusetzen.

Es wird sich zeigen, wie sich die der Z-Generation folgende Generation Alpha entwickelt.

Egozentrik

So wie im Wort Egoismus, findet sich in Egozentrik das Wort Ego, also Ich, wieder. Außerdem kommt das Wort Zentrum dazu, das Mittelpunkt bedeutet. Jener, der sich bildlich gesprochen als Mittelpunkt seines sozialen Umfeldes sieht, wird als Egozentriker beschrieben.

Der Egozentriker ist von sich absolut überzeugt und misst die Verhaltensweisen anderer an seiner eigenen Persönlichkeit, wobei er seine eigenen überbewertet.

Es fällt ihm sehr schwer, sich in die Perspektive des anderen hineinzuversetzen.

Er kann demnach kaum nachvollziehen, weshalb andere Menschen anders handeln oder sich anders verhalten als er selbst.

Die Dunkle Triade

„Das Böse ist des Menschen beste Kraft."
Friedrich Wilhelm Nietzsche, dt. Schriftsteller
(1844 - 1900)

Das Böse im Menschen

Sind die Zeiten wirklich so dunkel und hoffnungslos, wie viele befürchten? In diesem Zusammenhang werden die Gedanken auf drei Persönlichkeitstypen gelenkt, die auch in der Führungsebene der Unternehmen immer wieder auszumachen sind.

Zu diesem Thema hat der Psychologe Prof. Dr. Delroy L. Paulhus mit Kevin M. Williams Untersuchungen an der kanadischen University of British Columbia Vancouver unternommen.

Er sieht sogar einen gewissen erschreckenden Alltagssadismus bei Führungskräften; wohlgemerkt bei ‚normaler' Persönlichkeit. Damit ist gemeint, dass er keine Krankheitsbilder beschreibt.

Die Dunkle Triade beziehungsweise der Dunkle Dreiklang zeigt drei – interessante – aber kritisch zu betrachtende Persönlichkeitstypen.

Ihnen allen ist gleich, das eigene Wohl über das Wohl der anderen zu stellen. Die drei zu betrachtenden Verhaltensbereiche sind:

Narzissmus
Machiavellismus
Psychopathie

Narzissmus

Der Jugendliche Narziss (früher wurde ,Jüngling' gesagt) beziehungsweise Narkissos (gr. Narkissos, lat. Narcissus) verliebt sich unsterblich in sein eigenes Spiegelbild. Er ist der schön geratene Sohn der Wassernymphe Leiriope (auch Liriope) und des Flussgottes Kephissos.

So nebenbei: Kephissos vergewaltigte die Nymphe. Hier ist die Aggression im ,Spiel' und zeigt, dass das eigene Wohl wichtiger als das der anderen ist, hier das von Leiriope.

Da Narziss' Spiegelbild die Liebe nicht erwidern kann, quält sich Narziss und verschmachtet elend vor seinem eigenen Spiegelbild.

Im wahrsten Sinn des Wortes verzehrt sich Narziss nach sich selbst, bis von ihm nur noch Haut und Knochen übriggeblieben sein müssen.

Es kommt, wie es kommen musste – er nähert sich Tag für Tag seinem Tod. Kurz vor seinem Ableben haucht er folgenden Satz:

„Ach, du hoffnungslos geliebter Knabe, lebe wohl!"

Dann schied er dahin und verwandelte sich in eine Narzisse. Unsterblich verliebt? Oder doch sterblich?

Die ganze Geschichte ist schon mal als tragisch anzusehen. Wie kann jemand annehmen, dass es keinen anderen auf der Welt gibt, der es – zumindest die Schönheit betreffend – mit ihm aufnehmen könnte?

Narzissmus wird deshalb auch als Selbstliebe oder Selbstverliebtheit bezeichnet. Der Betroffene ist intensiv und unerschütterlich in sich selbst verliebt.

Der Mensch ist sich selbst wichtiger als die anderen um ihn herum. Er kann nicht anders: Er will – ja, er muss – von anderen bewundert werden.

Bewunderung

Bewundert werden und nochmals bewundert werden! Es entsteht eine regelrechte Sucht nach der Bewunderung der eigenen Person. Nicht nur die eigene Bewunderung, sondern die Bewunderung der anderen ist genauso wichtig.

Die narzisstische Führungskraft zeichnet sich aus durch eine unglaubliche Selbstüberschätzung und eine deutlich ausgeprägte Anspruchshaltung. Er ist erkennbar durch das ständige Suchen nach Neuem im Sinne von Erlebnishunger und natürlich, wie mehrfach erwähnt, eine regelrechte Gier danach, bewundert zu werden.

Die eigene Person steht im Vordergrund

Die aufgelisteten Punkte lassen die entsprechende Führungskraft gut bildlich werden. Sie ist immer auf der Suche nach Neuem. Nur das Beste ist gerade mal wichtig und richtig. So kommt er nicht zur Ruhe.

Der Narzisst benötigt ständig Lob von Mitarbeitern, Vorgesetzten, Kunden, Presse und anderen Stellen. Für die anderen ist es anstrengend, diesem Anspruch täglich gerecht zu werden.

Der Narzisst ist der Macher, der über allen anderen strahlt. Die anderen – die Mitarbeiter – kuschen und bewundern ihn, sodass der Narzisst in seiner Rolle immer weiter bestätigt wird. Dadurch wird sein Verhalten täglich deutlich ausgeprägter.

Dass er zur krankhaften Selbstüberschätzung neigt, genauer gesagt, dass diese stark ausgeprägt ist, ist nachvollziehbar.

Die Führungskraft mag keine Kritik an sich, zeigt sie doch täglich, wie erfolgreich sie ist. Wer kritisiert, hat offensichtlich die hervorragende Vorgehensweise des Narzissten nicht erkannt.

Vielleicht ist der Kritiker auch nur neidisch. Jedenfalls stört er, weshalb er nicht beachtet oder gegebenenfalls sogar vernichtet wird.

Somit ist eindeutig und klar, wie die Antwort im Märchen ‚Schneewittchen und die sieben Zwerge' auf die Frage:

„Spieglein, Spieglein an der Wand, wer ist die Schönste im ganzen Land?" lauten muss.

Beim Narzissmus ist ‚nur' eine Person wichtig: der Narzisst selbst. Er steht an oberster Stelle und damit über allen anderen. Sein Wohl ist ausschlaggebend und entscheidet seine Arbeitsweise.

Machiavellismus

Der zweite Typ der Dunklen Triade ist der Machiavellist. Die Bezeichnung Machiavellismus geht auf Niccolò Machiavelli (florentinischer Philosoph, 1469 – 1527) zurück.

Die Theorie des Machiavellismus sagt aus, dass zur Erlangung oder zur Erhaltung politischer Macht jedes Mittel recht ist.

Das Ziel steht im Vordergrund

Im Gegensatz zum Narzissmus, bei dem die eigene Person ausschlaggebend ist, steht beim Machiavellismus das Ziel – und nur dieses – im Vordergrund. Wie das Ziel erreicht wird ist egal, die Hauptsache ist, <u>dass</u> es erreicht wird.

So zeigt der Machiavellist keine Empathie, also kein Einfühlungsvermögen. Die Bedürfnisse seiner Mitarbeiter sind ihm absolut egal. Vor allem dann, wenn sie dem Erreichen seiner Ziele im Weg stehen.

Er bestimmt eigene Regeln und Gesetze, denen alle anderen folgen müssen. Dabei ist es ihm egal, ob seine Regeln moralische Bedenken auslösen oder gar gegen bestehende Gesetze verstoßen.

Der Machiavellist wird immer darstellen und betonen, dass „der Zweck die Mittel heiligt". Zwangsläufig muss so und so vorgegangen werden, um das Ziel zu erreichen; das ist doch logisch! Das ist eindeutig nachvollziehbar!

„Das ist doch ganz klar!"

Bedingungslose Akzeptanz der Vorgaben

Um das Ziel erreichen zu können, wird und muss der Machiavellist ausgesprochen durchsetzungsstark sein. Er ist ein unglaublicher Manipulator, der es problemlos schafft, seine Mitarbeiter so einzuplanen, dass sie dem von ihm vorgegebenen Ziel bedingungslos folgen.

Auch für den Machiavellismus gibt es zahlreiche Bereiche aus der Politik der vergangenen Jahrhunderte und wahrscheinlich auch der zukünftigen Jahrzehnte.

Durch die unglaubliche Manipulationskraft ihres Vorgesetzten folgen die Mitarbeitenden mehr oder weniger bedingungslos. Gleichzeitig stärken sie dadurch den Machiavellisten in seinem Verhalten.

Psychopathie

Nun ist das Thema beim Psychopathen angekommen.

Psychopathie (gr. ‚psyche' für ‚Seele' und ‚páthos' für ‚leiden') ist eine schwere Form der Persönlichkeitsstörung.

Bei der Übersetzung ist ablesbar, dass der Betroffene leidet. Das lässt ihm gegenüber zuerst einmal ein gewisses Mitgefühl auslösen. Betrachten Sie – auf die Ebene eines Vorgesetzten bezogen – den psychopathischen Typen genauer.

Ihm fehlt vor allem jegliche soziale Verantwortung. Empathie ist ein Fremdwort für ihn und mit Moral kann er auch nichts anfangen.

Das sind fast schon traurige Voraussetzungen für ein ‚anständiges' Zusammenleben. Nicht nur auf privater Basis, sondern – wie hier der Fokus zeigt – auf beruflicher Ebene.

Keine Angst vor Konsequenzen

Der Psychopath zeigt einen herzlos wirkenden Umgang und ein Desinteresse an den Gefühlen der anderen. Das heißt nicht, dass er unfreundlich wirken muss. Denn er kann sein Desinteresse sehr wohl kaschieren.

Noch etwas, was den Psychopathen ausmacht: Er hat keinerlei Angst vor Konsequenzen.

Seine Mitarbeiter würden ihn auf der einen Seite als risikobereit und impulsiv bezeichnen, auf der anderen Seite angstfrei aber kaltherzig. Sollte ihm mal etwas schiefgelaufen sein, was durchaus möglich ist, zeigt er keinerlei Reue. Passiert ist passiert.

Das ‚Machen' steht im Vordergrund

Für ihn ist das Handeln wichtig – er macht. Nicht umsonst gilt auch er als ‚Macher'. Führungskräfte sollen ja nun einmal entscheiden und nicht zu lange zögern oder sich gar hinter Entscheidungen verstecken.

Der Psychopath hat keinerlei Angst vor möglichen Konsequenzen, da er kein Empfinden für die Gefühle der anderen wahrnimmt. Gefühlsduselei ist ihm zuwider.

Er handelt und sollte es mal nicht klappen, wie er es sich vorstellt, sind Verluste auch nicht so schlimm; zumindest aus seiner Sicht.

Tatsächlich zeigt der Psychopath keine Reue; das haben seine Mitarbeiter richtig erkannt. Weshalb sollte er auch? Er ist schließlich von seinem Vorgehen überzeugt.

Wenn mal etwas nicht so erfolgreich verläuft wie gedacht, dann liegt es ja nicht an ihm als Person, sondern an irgendwelchen äußerlichen Widrigkeiten.

In der Praxis wird kaum ein Mitarbeiter seinen Vorgesetzten als Psychopathen bezeichnen. Zumindest nicht, wenn andere zuhören können. Unter der Hand hingegen scheut er sich nicht, ihn als solchen zu bezeichnen.

Gegen den Psychopathen vorzugehen ist außerordentlich riskant. Der Mitarbeiter muss fürchten, sollte sein Vorgehen aufgedeckt werden, sofort seinen Arbeitsplatz zu verlieren. So schafft es der Psychopath leicht, seine Position auszubauen und immer stärker zu werden.

Konsequenz

Die Beschreibung der drei Persönlichkeitstypen lässt einem gegebenenfalls den Angstschweiß auf die Stirn treten. Allen drei Typen ist eine niedrige, soziale Verträglichkeit gleich.

Der Egoismus ist greifbar.

Und trotzdem sind sie als Führungskräfte aktiv und offensichtlich erfolgreich. Sicherlich werden die beschriebenen Charakterzüge nicht immer in der Extremform ausgeprägt sein.

Wenn Sie wollen, analysieren Sie in Gedanken den einen oder anderen Vorgesetzten. Erkennen Sie Parallelen?

Sind Sie selbst eine Führungskraft, können Sie nach diesem Modell ja auch einmal Ihre eigene Führungsverantwortung durchleuchten. Gegebenenfalls lässt sich hier ja noch eine Kleinigkeit optimieren.

Insgesamt scheint die Erkenntnis der Dunklen Triade erschreckend. Nun, wenn es denn in der Realität so ist wie in der Theorie beschrieben, besteht vielleicht doch der berechtigte Anlass zur Befürchtung.

Muss die hiesige berufliche Gesellschaft so funktionieren – ‚muss' im Sinne von, dass sie anders gar nicht möglich ist?

Braucht es diese extreme Form des Egoismus?

Utopie

Wäre es nicht so wie beschrieben, lebte die Gesellschaft möglicherweise in einer Utopie. Wäre das nicht schön?

„Das ist utopisch", so lässt mancher Zeitgenosse verlauten.

Utopie bedeutet eine fiktive Gesellschaftsordnung, die nicht an die vorherrschenden und klassischen, kulturellen Gegebenheiten oder Vorgaben gebunden ist.

Eine fiktive Gesellschaftsordnung kann nach vorliegender Überlegung an keinem Ort dieser Welt existieren.

Dystopie und Eutopie

Das Gegenteil der Utopie ist die Dystopie. In einer fiktiven, in der Zukunft spielenden Welt wird eine Gesellschaftsform beschrieben, die einem negativen Ende (der Gesellschaft) zustrebt.

Wohingegen die Eutopie eine Gesellschaftsform beschreibt, die positiv alle Menschheitsträume verwirklicht – nach tatsächlicher Überlegung – aber auch nie funktionieren wird.

Von vornherein ist es somit klar, dass eine Utopie niemals Realität werden kann. Wenn jemand ein Projekt als Utopie bezeichnet, meint er damit, dass dieses Projekt niemals verwirklicht werden kann, dass es sich also auch nicht lohne, weitere Energie oder Zeit in dieses Projekt zu stecken.

Das bedeutet, dass Ziele nicht utopisch sein können. Denn Ziele sollen realisierbar sein.

Bei den Utopiern

Im Jahre 1516 veröffentlichte der englische Staatsmann Thomas Morus (1478 – 1535) auf Betreiben des niederländischen Gelehrten Erasmus Desiderius von Rotterdam (1465/1469 – 1536) einen Roman, der eine Idealwelt darstellt. Ein Seemann verbringt eine gewisse Zeit bei den Utopiern.

So schön es sich eventuell anhört, in eben dieser Utopie zu leben, sagt diese aus, dass sie keine Realität sein kann. Sonst wäre sie ja keine Utopie mehr.

Also bedeutet das, dass sich die Gesellschaft mit der Realität, das heißt mit den geschilderten Gegebenheiten, abfinden muss, inklusive aller egoistischer Verhaltensmuster und aller Lügen.

Nicht erfüllbarer Vorschlag

Verlangt beispielsweise ein Vertreter der Opposition von der Regierung ein Vorgehen, welches aus bestimmten Gründen nicht realisierbar ist, entlarvt sich sein Verlangen als utopisch.

Davon ausgehend, dass sich der Politiker seines Vorgehens bewusst ist, ist im von vornherein klar, dass sein Begehren nicht erfüllt werden kann.

Will er die Verantwortlichen in der Regierung bloßstellen oder handelt er populistisch (vermeintlich im Namen des ‚kleinen Mannes')?

Egoismus versus Altruismus

„Die meisten Menschen verderben sich ihr Leben selbst durch einen gewissen ungesunden, forcierten Altruismus."
Oscar Wilde (Oscar Fingal O'Flahertie Wills), ir. Lyriker
(1854 - 1900)

Das Gute im Menschen

Es ist geklärt, was unter Egoismus zu verstehen ist. Weiter oben wurde bereits vorgeschlagen, dass Altruismus (lateinisch ‚alter' gleich ‚der Andere') mit dem Überleben zusammengehört.

Hier eine ergänzbare Auflistung zu Egoismus und Altruismus.

Egoismus	Altruismus
Plural: Egoismen	Ohne Pluralform
Lateinisch: Ich	Lateinisch: Der Andere
Ich stehe im Vordergrund	Der Andere ist wichtiger
Eigener Vorteil	Selbstlosigkeit
Eigeninteresse	Freiwillig
Eigennutz	Uneigennützig
Nutzen	Kosten
Macht	Intrinsische Motivation

Der französische Philosoph Isidore Marie Auguste François Xavier Comte (1798 – 1857) prägte den Begriff Altruismus.

Comte suchte den Gegenbegriff zu Egoismus. Der Mensch, der sich altruistisch verhält, sieht den anderen deutlich wichtig, nicht zwangsläufig wichtiger als die eigene Persönlichkeit, aber manchmal schon.

Handelt er, rückt er das Gegenüber in den Vordergrund, seine eigenen Bedürfnisse treten in den Hintergrund.

Wird dem anderen nun geholfen, kann es sein, dass eigene Nachteile oder Kosten entstehen. Vorerst ist das für den Altruisten egal.

Gesunder Egoismus

In vorliegenden Betrachtungen weiter oben wurde festgestellt, dass Egoismus offensichtlich hilft, den Menschen – zumindest beruflich – erfolgreich werden zu lassen. Viele der Beispiele zeigen einen ungesunden, weil extremen Egoismus.

Gleichzeitig ist klar, dass die wenigsten Mitarbeiter solch ein Verhalten bei ihren Vorgesetzten bevorzugen; auch nicht der Partner. Aber sie gehen nicht dagegen vor.

So lässt sich annehmen, dass, obwohl der extreme Egoismus nicht gut empfunden wird, dieser an vielen Stellen auftaucht. Der extreme Egoismus ist genauso wenig gut wie der extreme Altruismus, bei dem sich eine Person komplett aufgeben würde.

Gibt es einen gesunden Egoismus?

So nicht:

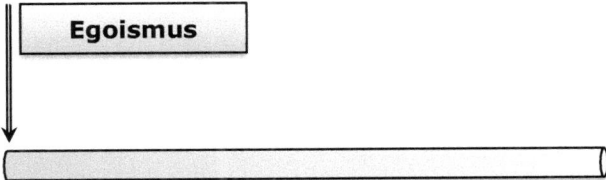

Und so auch nicht:

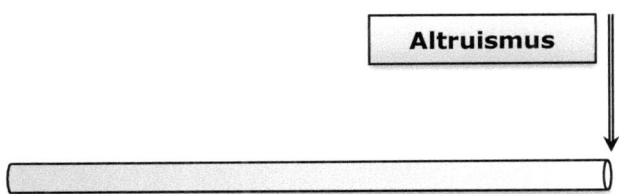

Wären jeweils die beiden Enden eines Stabes als volle Ausprä-
gung der Bezeichnungen Egoismus und Altruismus zu sehen,
ergäbe sich so etwas wie ‚Schwarz und Weiß'.

Bekanntlich gibt es auch ‚Grau'. Vielleicht deshalb so?

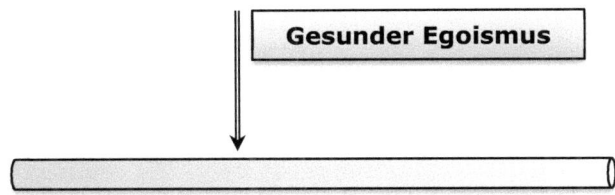

Wo die Pfeilspitze beim gesunden Egoismus auftritt, ist nicht fest-
gelegt. Sie kann mehr nach links oder mehr nach rechts auf den
Querbalken zeigen.

Auf oben gezeigter Skala deutet die Pfeilspitze eher in das mittlere Drittel des Stabs. Hier kann von einem gesunden Egoismus gesprochen werden. Dieser vereint die Vorteile der beiden extremen Ausprägungen Egoismus und Altruismus.

Das bedeutet, dass der Mensch, der diesen gesunden Egoismus als Lebensstrategie anstrebt, sehr wohl seine Persönlichkeit gut reflektiert hat, sie akzeptiert, ausbaut und deswegen ‚voll' zu sich steht.

Derjenige, der sich den gesunden Egoismus zu Nutzen macht, achtet und wertschätzt die anderen. Er hört zu, passt auf, wie die Stimmung der anderen ist und zeigt deutliches Einfühlungsvermögen.

„Geben ist mehr denn nehmen", allerdings ohne sich ‚aus-zu-geben'.

Bleiben Sie authentisch, also so, wie Sie sind. Das ist das ehrlichste Erscheinungsbild.

Kontrolle abbauen, Vertrauen aufbauen

Wer sich nun den gesunden Egoismus zu eigen macht, baut zwangsläufig eigene Macht ab.

Oben wurde beschrieben, wie stark sich Macht in einer Persönlichkeit breitmachen kann.

Weiter wurde gezeigt, wie der Betreffende diese nach außen hin oder anderen gegenüber einsetzt. Wer machtvoll auftritt, erreicht seine Ziele leichter als der vorsichtige und zurückhaltende Typ.

Soll der Mächtige von seiner Macht abgeben?

Je mehr Macht einer abgibt, desto mehr Vertrauen muss er der anderen Person gegenüber aufbauen. Das ist nicht unbedingt leicht.

Ein Risiko dabei besteht immer, dass das geschenkte Vertrauen ausgenutzt wird. Hier wird von Misstrauen gesprochen, manchmal auch von gesundem Misstrauen.

Wird nach und nach Vertrauen aufgebaut, werden gleichzeitig Kontrollen abgebaut. Kontrollen sind wenige notwendig, gerade weil der anderen Person vertraut wird. Abgabe von Kontrolle bedeutet gleichzeitig Einschränkung von Macht.

Halten sich nun Macht, Kontrolle und Vertrauen in einer gesunden Balance, kann ein zwischenmenschliches Zusammenleben gefunden werden, das es tatsächlich Wert macht gelebt zu werden.

Wertschätzung und Respekt

Fast automatisch taucht das Wort ‚Wert‘ auf. Der andere ist wert-voll, in dem eigenen Leben einen entsprechenden Stellenwert einzunehmen.

Entsprechend wird er wertgeschätzt mit allen seinen Stärken und Schwächen, die ihm eigen sind.

Verhält sich jemand anders, muss dieses Verhalten nicht als falsch oder schlecht gesehen werden, sondern genauso wie es das Wort ausdrückt: anders.

In dieser Andersartigkeit drückt sich die Vielfältigkeit der Menschen aus. Personen, die diese Andersartigkeit, die Vielfältigkeit nutzen, öffnen sich ungeahnte zwischenmenschliche Perspektiven.

Räumen Sie Ihrem Gegenüber Platz in Ihrem Leben ein, zeigen Sie automatisch Respekt dem anderen gegenüber.

Wieder standen die alten Römer dem Wort als Pate zur Verfügung. ‚Respectus‘ lässt sich als ‚Zurücksehen‘, als ‚Berücksichtigen‘ bezeichnen. Wer respektvoll mit dem anderen umgeht, nimmt Rücksicht auf eben diesen.

Das ist fair und zu befürworten.

Vielleicht ist dieses respektvolle Verhalten ein Schlüssel zu einem ausgesprochen menschlichen Miteinander, in dem Aggression und Lügen einen deutlich weniger wichtigen Stellenwert haben (müssen) als üblich.

Teil 5 – Die entlarvende Wahrheit

Immer nur die Wahrheit sagen?

Kann ein Lügner entlarvt werden?

*„Wer findig genug ist, eine Lüge glaubhaft darzustellen,
mag lieber geradezu die Wahrheit sagen."*
**Oscar Wilde (Oscar Fingal O'Flahertie Wills), ir. Lyriker
(1854 - 1900)**

Lügen haben kurze Beine

Wer längere Beine hat, kommt schneller ans Ziel, als derjenige mit kurzen Beinen.

Das bedeutet, dass der Wahrheitsliebende den Lügner (mit den kurzen Beinen) immer einholen wird. Er erwischt den Lügner demnach über ‚kurz oder lang'.

Egal wie schnell der Lügner weglaufen will, er wird eingeholt. Selbst wenn es Tage, Monate oder Jahre dauert. Es kommt der Augenblick an dem gesagt werden kann:

„Die Sonne bringt es an den Tag."

Die Wahrheit kommt ans Licht.

Der Körper sagt die Wahrheit

So stellt sich nun die Frage, ob eine wahre Aussage von einer gelogenen unterschieden werden kann.

Verhaltenspsychologen, Kriminalisten und andere sind hier seit Jahren auf der Suche, den Lügner eindeutig anhand der Körpersprache identifizieren zu können.

Wäre es nicht höchst originell, sofort erkennen zu können, ob jemand mit einer Lüge konfrontiert wird?

Lassen sich Wörter, Wortgruppen oder Satzkonstellationen entlarven, die von Lügnern gern verwendet werden?

Oder verrät die Körperhaltung das ‚Beugen der Wahrheit'? Gibt die Stellung der Pupillen nicht einen Hinweis darauf, ob die Wahrheit geäußert oder eine Lüge platziert wird?

Lügendetektor

Endlich ein Gerät, das erfasst, ob ein Mensch lügt? Der Lügendetektor oder korrekt ausgedrückt der Polygraph (Vielschreiber) soll das ermöglichen.

Während der Befragung misst der Lügendetektor den Blutdruck, den Puls sowie die Atmung und die elektrische Leitfähigkeit (Schwitzen) der Haut und zeichnet die Werte auf. Außerdem wird das Zittern des Befragten registriert.

Aufgrund der Theorien der beiden Psychologen Carl Gustav Jung (1875 – 1961, Schweiz) und Max Wertheimer (1880 – 1943, Tschechien) entwickelte im Jahr 1913 der italienische Psychologe Vittorio Benussi (1878 – 1927) an der Universität in Graz einen ersten Polygraphen. 1935 kam dieser zum ersten Mal zum Einsatz.

In den USA wird das Gerät eingesetzt, um Bewerber bei der Polizei, dem CIA, dem FBI und anderen Institutionen auf ihre Einsatzfähigkeit zu testen und andererseits, um beschuldigte Täter der Lüge zu überführen.

Es wird angenommen, dass aufgrund der entstehenden Nervosität beim Lügen die gemessenen Daten einen anderen Ausschlag in der Aufzeichnung des Polygraphen geben als üblich. Entsprechende Ausschläge sollen Hinweise auf Lügen erkennbar machen.

Da die Aufzeichnungen zu Fehleinschätzungen und damit zu Fehlurteilen führen können, wird der Einsatz des Lügendetektors in vielen Ländern – wie auch in Deutschland – abgelehnt.

Verräterische Körpersprache

Bekannt ist, dass die Körpersprache viele deutliche und ‚ehrliche' Aussagen macht.

Eltern wissen oft ganz genau, wann ihre Sprösslinge lügen; und zwar nur durch deren körpersprachliches Verhalten. Die Kinder wundern sich dann über die gute Trefferquote der Eltern, haben sie doch kein verräterisches Wort gesagt.

Bei der Analyse der Körpersprache wird unterstellt, dass auf eine Aktion (zum Beispiel eine Frage) eine Reaktion des Körpers erfolgt.

Dabei ist es erst einmal egal, was gesagt wird, da hier das Augenmerk auf der Sprache des Körpers liegt.

Wer genau beobachtet, kann diese Reaktionen erkennen und deuten. Diese Vorgehensweise gilt nicht als 100-prozentig sicher, da der Reagierende möglicherweise <u>bewusst</u> sein körpersprachliches Verhalten anpasst – also den Beobachter manipuliert.

Das mag kurzfristig immer wieder möglich sein – der Beobachter wird dann ‚geblendet'. Auf Dauer ist dieses ‚Blenden' allerdings nicht aufrecht zu halten.

Damit eine Körperreaktion überhaupt deutbar wird, muss erst eine Aktion erfolgen. Die Reaktion erfolgt auf die Aktion, die zum Beispiel eine Aussage und eine Frage ist:

„Hast du die Präsentation für morgen überarbeiten?"

Hier ist die Frage die Aktion. Das körperliche Verhalten des Befragten (wegschauen, Kopf bewegen, Schultern hochziehen und so weiter) ist die Reaktion.

Die Augenbewegung und die Blickrichtung

Im Folgenden wird die Augenbewegung des Befragten dargestellt. Eine Frage wird gestellt; der Befragte reagiert mit der Stellung seiner Augen während er antwortet.

Beobachten Sie das Verändern der Augenstellung Ihres Gegenübers beim Gespräch (Aktion, Reaktion). Fragen Sie Ihren Nachbarn, wie er den vergangenen Heiligabend um 17:00 Uhr verbrachte. Möglicherweise wandern seine Pupillen nach links oben. So, als suche die Antwort zur gestellten Frage im Gehirn.

Bei folgendem Modell ist zu bedenken, dass es sich um ein <u>Denkmodell</u> handelt. Es bezieht sich auf Überlegungen des Dänen Mogens Kirckhoff (*1944) in seinem 2-Hemisphären-Modellen. Damit sind seine Annahmen natürlich angreifbar.

Nach diesem Denkmodell arbeiten die beiden Hemisphären verschieden (cerebrale Asymmetrie). Bei den Rechtshändern (ca. 90 bis 95 Prozent aller Menschen) ist

- die linke Hemisphäre der Bereich der analytischen Informationsverarbeitung, die sich speziell beim logischen Denken hervorhebt.
- Die rechte Hemisphäre hingegen beeinflusst Gefühle, Kreativität und räumliches Denken.

In den aufgezeigten Beispielen wird von einem Rechtshänder ausgegangen. Beim Linkshänder sind die Deutungen (rechts – links) gegenseitig zu tauschen.

Die Augen der Person zeigen …

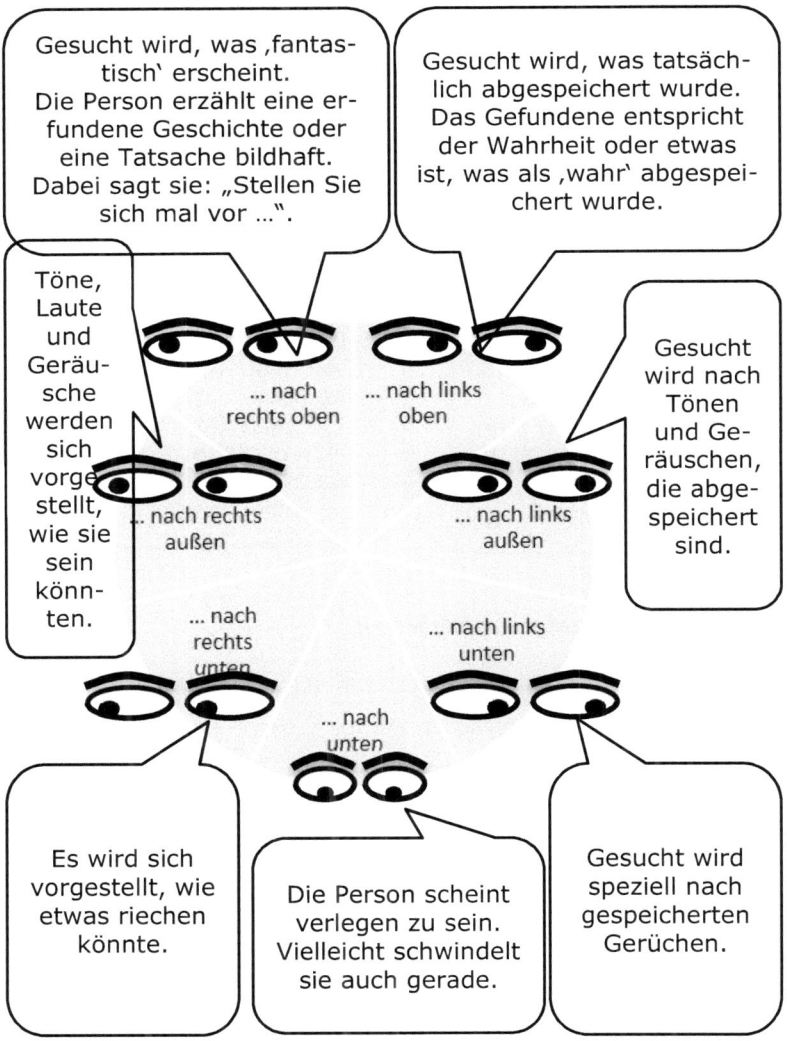

Gesucht wird, was ‚fantastisch' erscheint.
Die Person erzählt eine erfundene Geschichte oder eine Tatsache bildhaft.
Dabei sagt sie: „Stellen Sie sich mal vor …".

Gesucht wird, was tatsächlich abgespeichert wurde.
Das Gefundene entspricht der Wahrheit oder etwas ist, was als ‚wahr' abgespeichert wurde.

Töne, Laute und Geräusche werden sich vorgestellt, wie sie sein könnten.

Gesucht wird nach Tönen und Geräuschen, die abgespeichert sind.

… nach rechts oben

… nach links oben

… nach rechts außen

… nach links außen

… nach rechts unten

… nach links unten

… nach unten

Es wird sich vorgestellt, wie etwas riechen könnte.

Die Person scheint verlegen zu sein. Vielleicht schwindelt sie auch gerade.

Gesucht wird speziell nach gespeicherten Gerüchen.

Bleiben noch zwei ausdrucksstarke Augenstellungen.

| Die Person schaut direkt auf den Gesprächspartner. | Beide Augen zeigen in der Mitte des Augapfels nach oben. |

| Die Person schaut das Gegenüber interessiert und aufmerksam an. Er hört entsprechend aufmerksam zu. Wird der Blick zu starr, wirkt er manchmal unheimlich. | Die Person sucht Hilfe bei Höherem. „Gott, stehe mir bei!" Dieser Blick kann aber auch bedeuten, dass sich eine Person über eine andere lustig macht: „Ach du lieber Himmel, was sagt der denn nun schon wieder?" |

Kreative Anpassung der Wahrheit

Wandern die Augen des Befragten bei seiner Antwort nach oben rechts (aus Sicht der befragten Person), sucht er ein Bild in seiner ‚Vorstellung'. Er wird kreativ.

Beides bedeutet, dass er nicht die Wahrheit sucht. Sonst müsste er sich weder etwas vorstellen noch kreativ werden. Offensichtlich sagt er etwas anderes, was nicht oder nicht ganz der Wahrheit entspricht.

Nun muss nicht gleich angenommen werden, dass der Betreffende lügt oder schummelt.

Vielleicht ist ihm die wahre Antwort peinlich und er versucht, ‚irgendwie' um die ehrliche Darstellung herumzukommen.

Kleiner Praxistest

Wenn Sie, liebe Leserin, lieber Leser, testen wollen, inwieweit die Analyse der Augenstellung stimmen kann, machen Sie doch einfach einen Test mit einer Freundin oder einem Freund, ähnlich dem oben erwähnten Beispiel mit dem Nachbarn.

Fragen Sie beiläufig, was sie oder er am vergangenen Geburtstag um 16:00 Uhr machte. Ihr Gegenüber kann sich bestimmt an diesen Tag erinnern, nicht zwangsläufig daran, was genau um 16:00 Uhr geschah. Also sucht sie/er jetzt die Wahrheit.

Die Augen wandern nach links oben (links aus Sicht der befragten Person). Es darf somit davon ausgegangen werden, dass die Wahrheit gesucht und gesagt wird.

Nervöses Lächeln und Lecken der Lippen

Die Blickrichtung der Augen kann einen gewissen Rückschluss darauf zulassen, wie der Gesprächspartner gerade denkt.

Jemandem, der schwindelt oder lügt, wird auch nachgesagt, dass er häufiger als üblich blinzeln würde.

Interessanterweise kann es auch sein, dass der Lügner in Momenten lächelt, in denen es gar nicht passend erscheint. Versucht er, durch dieses Lächeln von seiner Lüge abzulenken oder ist er nur nervös?

Hin und wieder scheint es dem Lügner trocken im Mund zu werden, sodass er über seine Lippen lecken muss.

Der Pinocchio-Effekt

Die Augenstellung kann schon eine Menge verraten. Aber es gibt auch noch andere verräterische Signale des Körpers. Was verrät die juckende Nase?

Der italienische Schriftsteller Carlo Collodi (Carlo Lorenzini, 1826 – 1890) veröffentlichte im Jahr 1883 ein Buch mit dem Titel ‚Die Abenteuer des Pinocchio' (Le avventure di Pinocchio).

Aus dem Inhalt: Als der Tischler Antonio ein sprechendes Holzscheit entdeckt, wird ihm mulmig, sodass er dieses seinem Freund, dem Holzschnitzer Geppetto schenkt.

Jener schnitzt daraus die Figur des Pinocchio (als Wortspiel: Dummköpfchen). Die Figur kann nicht nur sprechen, sondern erwacht regelrecht zum Leben.

Eine von Pinocchios eigentümlichen Eigenschaften ist, dass seine Nase in die Länge wächst, wenn er flunkert beziehungsweise lügt. Pinocchio erlebt viele lustige aber auch gefährliche Abenteuer.

Schließlich verspricht Pinocchio, ehrlich zu werden. So kommt es, dass er eines Tages nicht mehr als Holzpuppe, sondern als echter Junge aus Fleisch und Blut verwandelt aufwacht.

Kratzen an der Nase

Wer befragt wird und ein Geschehen nicht verraten will (also bereit ist, eine Lüge auszusprechen) ist aufmerksamer beim Gespräch. Er fürchtet, dass eine Frage gestellt würde, die ihn in Verlegenheit bringen könnte. Und dann kommt die Frage tatsächlich.

Was geschieht im Körper des Befragten? Das Herz klopft schneller aufgrund der Furcht beziehungsweise der Angst vor der entlarvenden Frage.

Das Blut wird damit schneller als üblich durch die Adern gepresst. Die Adern dehnen sich deshalb geringfügig aus.

In den Nasenflügeln befinden sich viele kleine Blutäderchen, die sich nun ebenso geringfügig ausdehnen. Das erzeugt einen leichten Juckreiz.

Und deswegen – Achtung! – berührt der Betreffende nun den Nasenflügel; er will auf den Juckreiz reagieren. Ha! Gefangen! Mit dieser Geste hat sich der Befragte nun verraten.

Ex-US-Präsident William Jefferson ‚Bill' Clinton (*1946) lässt grüßen. Er wurde live zu seinem von ihm bestrittenen Verhältnis mit Monica Samille Lewinsky (*1973) befragt. Und wohin bewegte sich sein Finger? Erraten! Verraten?

Verlegen am Kopf kratzen

Vergleichbares lässt sich beobachten, wenn sich jemand ‚verlegen am Kopf kratzt' oder an ein Ohrläppchen greift. Es lässt sich von einer Art ‚Übersprunghandlung' reden. Der Befragte versucht sich selbst zu beruhigen und/oder abzulenken.

Was bedeutet das für den Gesprächspartner? Na klar: Möglichst bei der Wahrheit bleiben. Auf Dauer jemandem die Wahrheit vorzuenthalten, wird außerordentlich anstrengend bis fast unmöglich.

Unbewusste Grundemotionen

Der US-Emotionsforscher Paul Ekman (*1934) fand heraus, dass sich auch bei bewusst eingesetztem Mienenspiel unwillkürliche – und damit nicht kontrollierbare – Gesichtsbewegungen einmischen.

Die Grundemotionen starten unbewusst.

Diese halten – laut Ekman – etwa eine dreißigstel Sekunde an und sind für den Laien so gut wie nicht bewusst zu erkennen. Er bezeichnet das als ‚Microexpressions'.

Ekman behauptet sogar, dass es 35 Indizien der Mimik, Gestik oder Stimme gibt, die auf eine Lüge hinweisen können.

Also, denken Sie daran: Mimik, als wichtiges Element der Körpersprache, wird vom Gegenüber (unbewusst – und meist richtig) gedeutet.

Die innere Bereitschaft, ehrlich mit dem Gegenüber umzugehen, erweist sich auch hier als Vorteil.

Wer die Wahrheit äußert muss nicht fürchten, dass ihn mögliche Körpersignale verraten würden. Denn – der Körper sagt ja nun mal die Wahrheit.

„Ich will ja nichts sagen, aber ..."

„Dann sag' auch nichts!", müsste die richtige Entgegnung sein.

Wer einen Satz beginnt mit „Ich will ja nichts sagen, ..." wird genau das Gegenteil tun und doch etwas sagen.

Gleichzeitig will er dadurch ausdrücken, wie seine Meinung ist, ohne in ‚die Pflicht genommen zu werden'. Im geschilderten Fall sagt zwar jemand, dass er nicht reden will, äußert sich dann aber doch.

Auslassen und Schweigen

Im Gegensatz zum nächsten Fall wird hier tatsächlich nichts gesagt.

Eine Vorgesetzte hat vier Mitarbeiter in ihrem Team. Das Team hat ein Projekt erfolgreich abgeschlossen.

Nun hält die Vorgesetzte vor versammelter Belegschaft eine Rede. In dieser Rede bedankt sie sich namentlich bei drei Mitarbeitern für die gute Arbeit. Den Vierten erwähnt sie nicht.

Daraus lässt sich der Rückschluss ziehen, dass der vierte Mitarbeiter – ihrer Meinung nach – offensichtlich keine gute Arbeit geleistet hat.

Mit dieser Art schafft es die Vorgesetzte, eine Wahrheit wiederzugeben, ohne sie verbal zu äußern.

Am besten ducken und weggucken?

Sie haben gesehen, wie ein Passant einen anderen auf der Straße geschlagen hat. Sie sagen nichts, melden den Vorfall weder der Polizei noch stellen Sie sich dem Geschlagenen als Zeuge zur Verfügung.

Der Täter kann nicht ermittelt werden. Schweigen ist Gold? In diesem Falle nicht für den Überfallenen.

Dem schottischen Schriftsteller Robert Louis Stevenson (1850 – 1894) wird folgendes Zitat zugeschrieben:

„Schweigen kann die grausamste Lüge sein."

Es gibt Partnerschaften, in denen sich die Partner tagelang anschweigen. Sie reden nicht mehr miteinander. Welche Wahrheiten sie sich dadurch wohl an den Kopf werfen?

Lügner brauchen ein hervorragendes Gedächtnis

Wer hätte das gedacht? Wird einmal eine Lüge ausgesprochen, muss der Lügner in Zukunft völlig darauf achten, dass all sein Handeln und alle seine Aussagen der eigenen Lüge nicht widersprechen.

Er muss sich demnach sehr gut an seine Lüge erinnern. Lügt er nun häufiger, was anzunehmen ist, muss er noch mehr Energie darauf verwenden, sich selbst nicht bloßzustellen.

Also: höchste Aufmerksamkeit und ein glänzend gut arbeitendes Gedächtnis.

Lügennetz

Im Laufe der Jahre kann diese Situation immer unerträglicher werden, da eine Lüge häufig eine weitere nachzieht. Der Lügner verstrickt sich sozusagen in seinem eigenen Lügennetz.

Große Lügner schienen manchmal regelrecht erleichtert, wenn sie entlarvt wurden. Unangenehm genug, dass er nun als böser Lügner dasteht, aber es gibt ihm wieder Luft zum Atmen.

Dem früheren deutschen Bundespräsidenten Theodor Heuss (1884 – 1963) wird folgendes Zitat zugeschrieben:

„Wer immer die Wahrheit sagt, kann sich ein schlechtes Gedächtnis leisten."

Der Spiegel der Wahrheit

Im Wochenmagazin Der Spiegel 38/2016 wird berichtet:

„Franz Beckenbauer hat die Deutschen belogen – weil sie es so wollten ... Die Legende vom heiligen Franz hat sich als Lügenmärchen erwiesen.“

„... Donald Trump ist ein überführter Lügner ... Der Republikaner ist ein notorischer Lügner und Hetzer, beides schadet ihm nicht ... Der Mann müsste längst entlarvt sein, weil er ein notorischer Lügner ist ...“

Im selben Artikel kommt weitere 18-mal das Wort Lüge beziehungsweise Lügen vor. Der letzte Satz lautet: „Die Lügner sind mehrheitsfähig geworden ...“

Das Kölner ntv (n-tv Nachrichtenfernsehen) schreibt online am 23. Dezember 2018:

„Im Oktober hat Donald Trump im Schnitt 39 Mal am Tag die Unwahrheit gesagt.“ ... und weiter ... „In seinen rund 700 Tagen im Amt hat US-Präsident Donald Trump 7.546 falsche oder irreführende Behauptungen aufgestellt.“

Zumindest ergäbe das eine Aufstellung der ‚Washington Post‘, meint ntv.

Lügenpresse, Alternative Fakten und Fake News

Seit einigen Jahren geistern Begriffe wie Lügenpresse, Alternative Fakten und Fake News durch die Medien.

Lügenpresse

Das Unwort des Jahres 2014 ist die Lügenpresse. Dieser Ausdruck wurde bereits vor und im 1. Weltkrieg, sowie im Nationalsozialismus verwendet.

2014 brachten in Dresden demonstrierende Bürger diese Bezeichnung wieder auf die Straße und skandierten diesen Begriff, ohne die historischen Hintergründe zu kennen.

Wer von Lügenpresse spricht, meint, dass die Presse generell bewusst Falschmeldungen in Umlauf bringt.

Glaubhaftigkeit durch Wiederholung

Nur weil etwas ständig behauptet und damit immer wieder wiederholt wird, wird es nicht wahr(er).

Gerade dank der neuen Medientechnik ist es problemlos möglich, immer und immer wieder eine Behauptung zu wiederholen, die aufgrund des Teilens und Weiterleitens anderer Nutzer tausendfach an die Öffentlichkeit gerät.

Irgendwann nimmt der unbedarfte Leser/Hörer an, dass die Behauptungen stimmen müssen (weil sie ja überall wahrzunehmen sind).

Sind Behauptungen bewusst verbreitete Lügen, wird von Fake News gesprochen.

Fake News

Als Fake News werden gezielt platzierte Falschmeldungen bezeichnet, die bewusst manipulativ in den Medien (bevorzugt im Internet) verbreitet werden.

Da der Inhalt der Fake News falsch ist, werden absichtlich Unwahrheiten verbreitet.

Fake News täuschen einen seriösen Inhalt vor, dienen aber gezielt der Manipulation. Obwohl der Begriff Fake News bereits auf das Jahr 1890 zurückführt, wurde er erst seit wenigen Jahren im oben genannten Sinn verstärkt verwendet.

Beispielsweise besteht der Verdacht, dass durch den Einsatz von Fake News sogar politische (Präsidenten-)Wahlen beeinflusst wurden.

Alternative Fakten

Der Begriff schaffte es 2017 auf die Liste der ‚Unwörter des Jahres‘.

Die Bezeichnung ist eine irreführende und gleichzeitig verschleiernde Aussage korrekter Daten.

Donald Trumps Beraterin Kellyanne Conway (*1967) hat diesen Begriff 2017 erstmals eingesetzt.

www.unwortdesjahres.net, die diesen Begriff als Unwort festlegten, schreibt dazu:

„Mit diesem Ausdruck werden Falschbehauptungen salonfähig gemacht und mit Tatsachenbehauptungen auf eine Stufe gehoben.“

Künstliche Intelligenz – Künstliche Lügen

Seit einigen Jahren hat die Künstliche Intelligenz (KI) die Gesellschaft fest im Griff. Kaum ein Tag vergeht, an dem die KI nicht erwähnt, manchmal auch heftig über sie und mögliche Folgen ihres Einsatzes diskutiert wird.

Die Vorteile der Einsatzmöglichkeiten dieser künstlichen Intelligenz sind vielfältig, überzeugend und bringen dem Nutzer oder der Gesellschaft unzweifelhaft wertvolle Hilfe.

Die Nachteile sind weitestgehend auch diskutiert. Eine der größten Ängste beim Einsatz von KI liegt wohl darin, sie nicht mehr kontrollieren zu können.

Deepfake

Viele Menschen reiben sich die Augen, wenn sie sehen, was die KI bisher alles leisten kann. Da werden Berühmtheiten in Videos gezeigt, die zum Beispiel zu politischen Situationen Stellung nehmen.

Dabei ist die wahrzunehmende Stimme eindeutig der gefilmten Person zuzuordnen. Oft stimmen Gestik, Mimik, die komplette Körpersprache unglaublich gut mit dem gesprochenen Text überein.

Fantastisch. Aber: unecht! Deepfake hat zugeschlagen. Die gezeigte Person hat die Äußerungen nie getätigt. Sie vertritt unter Umständen sogar eine gegenteilige Meinung zu den Kommentaren im Video.

Schlecht hergestellte Videos lassen die Fälschung erkennen. Die Äußerung kann als Lüge erkannt werden.

Professionell gestaltete sind schon schwerer als Fake zu entlarven. Sie wirken wie ,Wahrheit', obwohl sie eine ,Lüge' darstellen.

Tja, die Augen sind gerieben, der staunende Mund ist wieder geschlossen.

Wehrlos gegen Lügen?

„Wie ist das möglich?", fragen sich einige Betrachter.

Nun, wie die Technik funktioniert ist eine Sache. Gemeint ist eher, wie es möglich ist, solch perfekte Fälschungen unter der Gesellschaft ,glaubhaft' zu verbreiten.

Wie soll sich ein Dargestellter gegen die falschen Worte, die ihm in den Mund geschoben wurden, wehren? Wie soll die Bürgerin oder der Bürger sicher sein, ob er ein Fake sieht, also eine Lüge aufsitzt oder ob ihm die Wahrheit präsentiert wird?

Im beschriebenen Fall existiert ein Mensch, der die Darstellung erstellt (beziehungsweise mithilfe der Künstlichen Intelligenz erstellen lässt). Ihm ist bewusst, dass er eine Manipulation in die Öffentlichkeit schickt. Im Sinne des Buchs kann gesagt werden, dass er bewusst lügt.

Wie lange wird es dauern, bis die KI so weit ist, selbstständig solche Art Veröffentlichung vorzunehmen? Ist die Angst einiger Menschen gerechtfertigt, die sich genau vor dieser Eigenmächtigkeit der KI fürchten?

Wie ist es dem Nutzer noch möglich zu erkennen, ob er das Wahrgenommene als ,wahr' oder ,falsch' einordnen kann?

Künstliche Lüge

Sind Künstliche Lügen denkbar? Oder handelt es sich nur um unbegründete Ängste? Der menschliche Manipulierende kann/soll zumindest darauf hinweisen, dass KI zum Einsatz kam und/oder ein Fake fabriziert wurde. Der User kann sich dann in einer gewissen Sicherheit wähnen, die Wahrheit betreffend.

Wird die KI (zukünftig) ihre selbst erstellten Fakes, ihre Künstliche Lügen, als solche kennzeichnen? Wäre das ehrlich?

Was, würden plötzlich einige wahre Interviews und Videos als Fake bezeichnet? Die Wahrheit als Lüge?

Wird es Zeiten geben, in denen medial erstellte Lügen von Wahrheit überhaupt nicht mehr zu unterscheiden sind?

Eskalation der Lügen

Weshalb Lügen noch verbergen? Das ist recht mühsam. Wenn schon eine Alternative gesucht wird – wie wäre es damit, gleich ‚offen' zu lügen?

Gut, da werden sich einige, vielleicht sogar viele, aufregen, ist die Lüge zu offensichtlich. Na und? Sollen sie doch! Zumindest wird nun diskutiert und gegenseitig gewettert. Wer weiß – vielleicht ändert sich durch die geäußerte Lüge doch etwas; zumindest die Einstellung zum (gelogenen) Thema.

Die jüngste Vergangenheit (Ende 2024) zeigt, wie viele Anhänger Politiker um sich sammeln können, trotz leicht durchschaubarer und entlarvender, ständig geäußerter Lügen.

Die öffentlich gezeigte Verachtung vor der Wahrheit scheint die Anhängerschaft sogar zu vergrößern.

Es ist festzuhalten: Einige in der Öffentlichkeit stehende Persönlichkeiten verbreiten wissentlich Lügen. Manchmal sind die Lügen so haarsträubend, dass sie als solche sofort erkannt werden.

Der Lügner lässt sich nicht irritieren

Das irritiert den Lügner überhaupt nicht. Er behauptet sogar, dass ihn seine Kritiker böswillig und absichtlich schädigen wollen und sie ihrerseits lügen.

Was soll der Durchschnittsmensch denken, wenn er solche Art Streitgespräche gehört? Muss er annehmen, es gehöre zum gesellschaftlichen Umgang, möglichst gnadenlos zu lügen?

Denkt er, es sei Respekt einflößend und stark, unbeirrt Lügen aufzustellen?

Zustimmung für den Lügner?

Erwartet er Bewunderung und Zustimmung ob seines scheinbaren Mutes, die Wahrheit beliebig nach eigenem Gutdünken zu verdrehen?

Was kann dem Lügner schon passieren, sollte er der Lüge überführt werden? Solange es keine straffällige Angelegenheit ist – egal!

Der Erwachsene mag noch eine gewisse Ehrfurcht vor der Wahrheit haben. Er mag den Mitmenschen respektvoll gegenübertreten und weitestgehend auf Lügen verzichten.

Die meisten Menschen wollen nicht belogen werden. So behaupten sie zumindest. Weshalb akzeptieren dann trotzdem unzählige Menschen, dass ihnen ständig Lügen aufgetischt werden?

Der Heranwachsende wächst in eine mediale aber auch reale Welt hinein, in der die Lüge offensichtlich ständig präsent ist. Das Erlebte ist seine Wahrheit.

Er lernt: Die Lüge gehört wohl zum täglichen zwischenmenschlichen Umgang dazu. Also scheint es absolut in Ordnung zu sein, zu lügen.

So entsteht eine Welt voller Lügen. Oder eine, mit noch mehr Lügen als bisher?

„Ich meine es ehrlich."

„Die Wahrheit ist der Tod."
Heinrich Theodor Fontane, dt. Schriftsteller
(1819 - 1898)

Ein Leben ohne Lügen?

„Lass mich nicht lügen!"

So beginnt Herr Berger ein Gespräch. Hat sein Gesprächspartner den Wunsch geäußert, dass er eine Lüge hören will? Das ist wohl kaum anzunehmen.

Herr Berger will mit dieser Aussage ausdrücken, dass er bewusst nichts beschönigen will, sondern sich möglichst detailgetreu an die Wahrheit hält.

Manchmal sagt einer auch:

„Ehrlich gesagt ...".

Was heißt das? Muss er jetzt ausdrücklich betonen, ehrlich zu sein? Will er damit sagen, dass er sonst eher die Wahrheit so abbildet, wie es ihm am besten passt?

Wie wäre es nun: Alle Menschen würden immer die Wahrheit sagen?

„Wie schmeckt dir das Essen?"

„Ziemlich fad. Es könnte ja auch mal etwas Abwechslungsreicheres geben."

„Wie geht es Ihnen heute?"

„Die Knochen tun mir weh. Ich muss noch meine Steuererklärung abgeben. Meine Tante nervt mich mit ihren Telefonaten und ich finde Ihren Hemdkragen altmodisch."

„Kommt ihr am Wochenende?"

„Wir haben überhaupt keinen Bock darauf, dich zu besuchen, Oma. Du langweilst uns mit deinen immer wieder selben alten Geschichten.

Wir liegen lieber auf unserer Terrasse und genießen das schöne Wetter bei einem Cocktail."

Weitere Beispiele lassen sich leicht finden. Will die Gesellschaft wirklich so leben?

„Ich sage die Wahrheit und nichts als die Wahrheit."

Bei Gericht wird schon einmal einer aufgefordert, die Wahrheit und nichts als diese zu sagen. Interessant, dass er dazu aufgefordert werden muss, sagt es doch aus, dass erwartet wird, dass der Befragte lügen würde.

Manchmal muss er sogar schwören oder einen Eid leisten. Offensichtlich langt die einfache Wahrheit hier nicht mehr. Der Eid verpflichtet zur Wahrheit.

Es darf also jetzt nicht gelogen werden. Wird gelogen, also ein falscher Eid vor Gericht abgegeben, gilt das als Meineid und zieht höchstwahrscheinlich eine Strafe nach sich.

In der Medizin ist beispielsweise der Eid des Hippokrates bekannt. Dieser sagt aus, dass der Arzt dem Patienten nicht schaden will und dass er der Schweigepflicht unterliegt.

Der Selbstversuch: Immer nur die Wahrheit

Der Journalist Jürgen Schmieder (*1979) hat im Jahr 2010 in einem Selbstversuch versucht, 40 Tage lang nur die Wahrheit zu sagen. In einem Interview mit ‚Pflichtlektüre‘ sagt Schmieder:

„… Aber, wenn die Leute dann beleidigt sind, weil man ihnen die Wahrheit ins Gesicht gesagt hat, dann denkt man abends schon drüber nach. Da kommt das schlechte Gewissen …"

Er sagt, dass er heute schätzungsweise statt 200-mal am Tag nur noch 150-mal lügt, was er selbst als noch schlimm genug bezeichnet.

Fazit

Das zwischenmenschliche Zusammenleben würde durch ständig geäußerte Wahrheiten dann außerordentlich schwierig bis unmöglich. Endlose Zwistigkeiten, Streitereien, Kriege würden entfacht. Freundschaften und Partnerschaften würden in Kürze in die Brüche gehen.

Arbeitsverhältnisse zwischen Chef und Mitarbeiter, unter den Kollegen, zwischen Verkäufer und Kunden würden letztlich unmöglich. Wer immer die Wahrheit sagt, würde von der Gesellschaft sehr bald ausgeschlossen.

Timm sagt nur die Wahrheit

Hier wird die wahre Geschichte eines etwa zehnjährigen Jungen erzählt, der Timm genannt wird. Aufgrund einer bestimmten autistischen Erkrankung ist es Timm nicht möglich, Unwahres zu sagen. Allerdings kann er Gelogenes auch nicht erkennen.

Wird deutlich gelogen/geflunkert „Ein Drachen steht vor der Tür", weiß er inzwischen aufgrund seiner gesammelten Erfahrung beziehungsweise seines Wissens, dass das nicht sein kann.

Er merkt dann, dass er auf den Arm genommen wird, was ihm allerdings nicht behagt.

Unterbrechen die Eltern mit Timm eine lange Autofahrt für eine Pause an einer Raststätte, wird Timm, der sehr gerne und gerne sehr laut redet, alles Wahrgenommene seiner Wahrheit entsprechend kommentieren.

„Das Glas riecht nach Bier."

„Auf der Gabel ist ein Fingerabdruck. Sie ist nicht richtig sauber – die nehme ich nicht."

„Warum braucht die Bedienung so lange?" … und so weiter.

Oft ist das sehr peinlich für die Eltern, da sich andere Gäste mit kritischem Blick nach Timm umschauen und anschließend seine Eltern tadelnd ansehen.

Beim Brett– und Kartenspiel kann Timm nicht schummeln. Allerdings kann er sich auch nicht vorstellen, dass seine Mitspieler schummeln.

Würde er erkennen, dass sich ein anderer nicht regelkonform verhält, würde er ungehalten. Er kann sich das Verhalten des Mitspielers einfach nicht erklären.

Schon heute ist klar, dass es für Timm allein aufgrund seiner Wahrheitsfindung außerordentlich kompliziert wird, sich in den Schulverband einzufügen.

Wie wird das in Zukunft in seinem sozialen und beruflichen Umfeld sein? Kann jeder, der in Zukunft mit Timm zu tun hat, mit der Wahrheit umgehen?

„Ich will die Wahrheit wissen" – die Umfrage auf der Straße

Werden Umfragen oder Interviews durchgeführt, soll die Meinung der Befragten wiedergegeben werden. Und zwar so, wie es objektiv ist.

So werden Interviewer losgeschickt, um im Einzelgespräch, im Telefon-Interview oder via Papier beziehungsweise Online Antworten auf bestimmten Fragen zu erhalten.

Werden genügend Personen aus verschiedenen Regionen und Altersgruppen befragt, ergibt sich ein repräsentatives Bild der Meinung der Bevölkerung.

Es müssen demnach nicht alle Menschen befragt werden, da die ausgewählte Gruppe stellvertretend gilt. Die Ergebnisse werden ganz einfach auf die gesamte Bevölkerung hochgerechnet, sodass sich ein gesamtgültiges Bild ergibt:

„53 Prozent aller Deutschen ..."

Selbst wenn unterstellt wird, dass der Befragte die Wahrheit sagen will, werden seine Antworten durch viele Gegebenheiten beeinflusst:

Wo wird das Interview durchgeführt? Was ist gerade politisch oder gesellschaftlich passiert? Wer hört die gegebenen Antworten? Werden diese anonymisiert oder mit Bild und Adresse des Befragten veröffentlicht? Und vieles andere mehr.

Es ist eher sichtbar, dass viele Gegebenheiten Einflüsse auf die Antwort der gestellten Frage haben. Der Fragende sollte dementsprechend gut überlegen, wo und wann er wen befragt.

Fremdgehen

Betrachten Sie beispielsweise folgende Situation. Eine Gruppe junger Männer nähert sich dem Interviewer.

Dieser fragt nun einen aus der Gruppe:

„Wie oft gehen Sie fremd?"

„Oho!", ruft der Befragte aus mit lauter Unterstützungs– und Beifallsbekundung der Kumpels.

„Jeden Tag einmal!" lautet seine Antwort.

Würde derselbe junge Mann beim Spazierengehen mit seiner Freundin befragt, käme auf dieselbe Frage die Antwort:

„Überhaupt nicht; ich bin treu!"

Weder die eine noch die andere Antwort muss stimmen. Das Ergebnis der Umfrage ist demnach stark anzuzweifeln, gegebenenfalls sogar wertlos.

Geschickter Aufbau des Fragebogens

Welche Motive ein Befragter zu lügen auch hat, der Interviewer will die ‚Wahrheit' hören. Deshalb muss durch den geschickten Aufbau des Fragebogens eine Dramaturgie geschaffen werden, die den Befragten möglichst zur ehrlichen Antwort bewegt.

Einfache Wörter, eindeutige Fragen, klare Sätze, keine Fremdwörter und so weiter tragen zu diesem Effekt bei. Kontrollfragen können eingebaut werden, um zu erkennen, ob annähernd wahrheitsgemäß geantwortet wird.

Die gesamten Ergebnisse werden meist in statistischen Übersichten zusammengefasst.

Das Statistische Bundesamt in Wiesbaden, Statista.de und andere veröffentlichen die Ergebnisse, wohlwissend, dass sie nicht immer 100-prozentig der Wahrheit entsprechen können.

Othello-Effekt

Wird jemand intensiv befragt, zum Beispiel durch ermittelnde Polizisten, kann unglaublicher Stress entstehen, sodass sich der Befragte in Widersprüche verwickelt und fälschlicherweise als Lügner bezeichnet wird.

Der Fragende (!) unterliegt dann dem Othello-Effekt beziehungsweise Othello-Fehler.

Der Befragte scheint aufgrund seiner nervösen Reaktion und seiner widersprüchlichen Körpersprache schuldig. Das muss er aber nicht zwangsläufig sein. Lediglich die Situation der Befragung lässt das falsche Bild der Schuld entstehen.

Der an anderer Stelle in diesem Buch erwähnte US-amerikanische Psychologe Paul Ekman (*1934) hat diesen Begriff 1985 eingeführt.

Er lehnt sich dabei an William Shakespeares (1564 – 1616) Figur Othello an, der am Ende seiner eigenen Ehefrau keinen Glauben mehr schenkt, weil er selbst emotional total beeinflusst war, ‚sauber' denken zu können.

Statistische Unwahrheit

Der britische Premierminister Sir Winston Leonard Spencer-Churchill (1874 – 1965) soll gesagt haben:

„Ich traue keiner Statistik, die ich nicht selbst gefälscht habe."

Na, ob es so schlimm ist?

Wie statistische Angaben verschieden ausgelegt werden können, ohne zu lügen, zeigen folgende Beispiele (entnommen aus ‚Trickreiche Rhetorik [2100]' vom selben Autor).

In allen Darstellungen wird unterstellt, dass nicht gelogen wird, sondern durch das ‚Lesen der Zahlen' eine andere Bedeutung entstehen kann.

Auswertung der gesammelten Daten

In der Statistik werden folgende Begriffe verwendet:

- Der Mittelwert. Er ist die Summe aller Werte, geteilt durch die Anzahl der Einzelwerte (der Befragten).

- Der Median. Er halbiert die Messreihe nach der Anzahl der Einzelwerte (der Befragten); also halbe-halbe (50 % zu 50 %).

- Der Modus. Er ist der Nennwert, der am häufigsten vorkommt.

Beispiel: Frage: „Welche Note (deutsches Schulsystem) geben Sie der TV-Sendung ABC?"

Note	1	2	3	4	5	6	Summe
Anzahl	5	4	7	19	20	5	60
	5 x 1	4 x 2	7 x 3	19 x 4	20 x 5	5 x 6	
Wert	5	8	21	76	100	30	240

n = Anzahl der Befragten (Einzel-Werte), die diese Note angaben.

Aus dieser Tabelle ergibt sich für den:

- Mittelwert: 240 geteilt durch 60 gleich 4,0

- Median: Gleich viele Einzel-Werte liegen rechts und links der Mitte. Hier ergibt sich 4,5

- Modus: Die meistgenannte Wertung ist gleich 5,0

Sie sehen, dass je nach Begriff eine Zahl zwischen 4,0 und 5,0 entsteht. Wie mit den Ergebnissen manipuliert werden kann, wird im nächsten Abschnitt gezeigt.

Trickreiche Darstellung der Werte

Die Werte aus der oben dargestellten Tabelle werden genommen und verschieden ausgelegt.

Ergebnis	Aussage
1	„Statistisch gesehen ergibt sich eine Durchschnittszahl von 4,0 für die bewertete Sendung."
2a	„Die meisten Wertungen fielen auf die Note 5,0"
2b	„Die meisten Befragten (35 von 60) bewerteten die Sendung mit einer guten Note (zwischen 1 und 4)."
3a	„Die Hälfte der Befragten gibt der Sendung eine Note zwischen 1 und 4,5."
3b	„Die Hälfte der Befragten gibt der Sendung eine Note zwischen 4,5 und 6."
4a	„Immerhin 26,6 % (16 von 60) der Befragten geben der bewerteten Sendung die Note 1 bis 3."

4b	„Nur etwa 1/4 (16 von 60) der Befragten geben der bewerteten Sendung die Note 1 bis 3."
5a	„41,6 % (25 von 60) der Befragten bewerten die Sendung mit der Note 5 oder 6."
5b	„Fast die Hälfte der Befragten (25 von 60) bewertet die Sendung mit der Note 5 oder 6."
6a	„Nur 5 Personen gaben der bewerteten Sendung die Note 6."
6b	„Immerhin fast 10 % (8,33 %) gaben der bewerteten Sendung die sehr gute Note 1."
6c	„Immerhin gab jeder 12te der bewerteten Sendung die sehr gute Note 1."

Nicht zu vergessen: Es wurden immer dieselben Ergebnisse benutzt.

Pro oder Contra – ein zweites Beispiel

Folgendes Ergebnis ergibt sich bei einer (fiktiven) Umfrage:

Dafür	☺	15 %
Egal	😐	55 %
Dagegen	☹	30 %

Wie lässt sich das Ergebnis (ohne zu lügen) darstellen?

- „Nur 15 % sind dafür."

- „70 % sind nicht dagegen."

- „30 % sind dagegen."

- „85 % sind nicht dafür."

- „Doppelt so viele sind dagegen wie dafür."

Unabhängig davon lässt sich jede statistische Zahl sowohl positiv wie auch negativ einsetzen.

Wie genau ist die Unterteilung? – ein drittes Beispiel

In diesem Beispiel werden Menschen (schriftlich) befragt, wie ihnen ein Film gefallen hat. Je nachdem, wie viele Antwortmöglichkeiten vorgegeben werden, fällt die Bewertung des Filmes ganz anders aus.

Fall 1: Es werden zwei Antwortenfelder vorgegeben: ‚gut‘ und ‚schlecht‘.

Antworten:

gut	65 %
schlecht	35 %

Wertung: Offensichtlich fand die Mehrheit der Befragten den Film gut.

Ergebnis: Deutlich mehr gut als schlecht.

Fall 2: Es werden drei Antwortenfelder vorgegeben: ‚sehr gut‘, ‚gut‘ und ‚schlecht‘.

Antworten:

sehr gut	30 %
gut	35 %
schlecht	35 %

Ergebnis: Gleich viel gut wie schlecht.

Fall 3: Es werden nun sechs Antwortenfelder vorgegeben.

sehr gut	30 %
gut	20 %
eher gut	15 %
eher schlecht	5 %
schlecht	25 %
sehr schlecht	5 %

Ergebnis: Mehr schlecht als gut.

Das bedeutet: Je nachdem, wie die Daten erfasst werden (nur zwei oder sechs Antwortmöglichkeiten), kann es zu deutlichen oder sogar gegensätzlichen (!) Ergebnissen kommen.

Umgekehrt: Haben Sie zuerst die dritte Variante der Auswahl, können Sie die Felder so zusammensetzen, dass das Ergebnis Ihren Vorstellungen entspricht.

Je nachdem, in welche Richtung Sie die Wahrheit darstellen wollen, können Sie die einzelnen Felder mit den möglichen Angaben wie ‚gut‘, ‚sehr gut‘ und so weiter ändern.

Offensichtlich so weit, um genau das Gegenteil auszusagen, was ursprünglich korrekt war.

Wahres Zeugnis ablegen

„Der Teufel kann sich auf die Schrift berufen.
Ein arg Gemüt, das heil'ges Zeugnis vorbringt,
ist wie ein Schalk mit Lächeln auf der Wange,
ein schöner Apfel, in dem Herzen faul:
O wie der Falschheit Außenseite glänzt!"
William Shakespeare, engl. Dichter
(1564 - 1616)

Zeugnissprache

Im Leben ergeben sich manchmal interessante Konstellationen, die Wahrheit beziehungsweise die Lüge betreffend. So darf beispielsweise in einem Zeugnis nichts Schlechtes über den Weggehenden stehen.

Also nur Gutes. Wenn aber etwas nicht gut war, wie wird das ausgedrückt? Nun, durch die sogenannte Zeugnissprache.

Aus rhetorischer und logischer Sicht kann ein Glas nicht voller sein als voll. Und schon gar nicht am vollsten. In der Zeugnissprache hingegen gibt es die Wörter voll, voller und am vollsten.

Wird notiert:

„Er arbeitete zu unserer vollen Zufriedenheit" bedeutet das, dass die gezeigte Leistung als nicht optimal angesehen wurde.

Es müsste heißen:

„Er arbeitete zu unserer vollsten Zufriedenheit."

Zeugnis-Codes

Damit entstehen bestimmte Formulierungen, die als Code verstanden werden können; nämlich die Zeugnis-Codes.

Obwohl immer wieder behauptet wird, es gäbe keine Zeugnis-Codes mehr, halten sich hartnäckig Gerüchte, dass nach wie vor die eine oder andere versteckte Formulierung im Zeugnis zu finden sei.

Die uneingeschränkte Zufriedenheit wird ausgedrückt mit folgenden Formulierungen:

- immer, voll und ganz, außerordentlich, allerbest, äußerst, vollst, stets, in jeder Hinsicht und andere.

Leichte Einschränkungen lassen sich sofort erkennen durch Formulierungen wie:

- volle Zufriedenheit, volle Anerkennung, auf beste Weise und andere.

So könnte bedeuten (Die Liste ist ergänzbar):

Code	Bedeutung
Er hat die Arbeiten mit großem Fleiß und Interesse erledigt.	Er war zwar eifrig, aber nicht besonders tüchtig.
Er verfügt über Fachwissen.	Er hat insgesamt wenig Ahnung.
Er hat alle seine Fähigkeiten eingesetzt.	Er hat nicht viel erreicht.
Er zeigt gesundes Selbstvertrauen.	Er redet sehr gerne. Er hat eine große Klappe.
Er hat sich stets bemüht, die Arbeiten zu unserer Zufriedenheit zu erledigen.	Er bemühte sich zwar, sein Erfolg war eher mittelmäßig.
Er bemühte sich um ein gutes Verhältnis zum Chef.	Er bemühte sich zwar, war aber eher als Anpasser zu sehen.

Er ist gut mit seinem Vorgesetzten zurechtgekommen.	Er besitzt kein Durchsetzungsvermögen.
Er ist gut mit seinen Kollegen klargekommen.	Er ist zwar mit seinen Kollegen klargekommen, aber nicht mit Vorgesetzten und Mitarbeitern.
Er ist gut mit seinen Mitarbeitern klargekommen.	Er hat sich mit seinen Mitarbeitern verbrüdert. Mit seinen Vorgesetzten kam er weniger gut klar.
Er trug zur Verbesserung des Betriebsklimas bei.	Er machte viel dummes Zeug und vertrödelte die Arbeitszeit.
Er war sehr gesellig.	Er trank gerne.
Er verlässt uns im gegenseitigen Einvernehmen.	Wir haben ihm gekündigt.
Er verlässt uns auf eigenen Wunsch.	Wir haben nichts dagegen, dass er uns verlässt.
Er verlässt uns auf eigenen Wunsch, was wir bedauern.	Wir bedauern tatsächlich, dass er uns verlässt.

Recht auf Lüge – ‚Verbotene Fragen'

Wen wundert es, dass es in bestimmten Situationen sogar das Recht auf eine Lüge gibt.

So tauchen in unseriös geführten Vorstellungsgesprächen sogenannte ‚verbotene Fragen' auf, die nicht wahrheitsgemäß beantwortet werden müssen.

Hier werden einige Beispiele aufgelistet, die in diese Kategorie fallen können.

Welche Schulbildung haben Ihre Geschwister?	Gehören Sie einer Partei an?
Welche Schulbildung haben Ihre Eltern?	Gehören Sie einer Religionsgemeinschaft an?
Welchen Beruf haben Ihre Eltern?	Gehören Sie einer Gewerkschaft an?
Haben Sie Jugendstrafen?	Haben Sie eine/n feste/n Lebenspartner/in?
Trinken Sie übermäßig Alkohol?	Haben Sie einen festen Freundeskreis?
Feiern Sie gerne?	Sind Sie treu?
Wie ist Ihre Einstellung zur Bundeswehr?	Werden Sie bald heiraten?
Sind Sie gesund?	Wollen Sie Kinder haben?
Sind Sie abergläubisch?	Sind Sie schwanger?
Zahlen Sie ein Darlehen ab?	Nehmen Sie Verhütungsmittel?

Lügner-Paradox

Lustigerweise gibt es Aussagen, die wahr oder unwahr sein können, in dem Augenblick, wenn sie ausgesprochen werden.

Beispielsweise:

„Ich schlafe gerade."

Dieser Satz ist nicht möglich. Der Schlafende kann ihn nicht aussprechen, da er schläft.

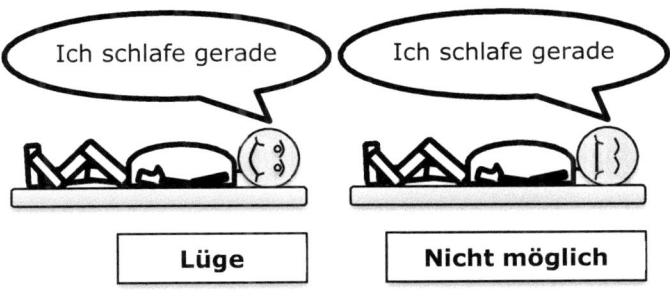

Aber:

„Ich lüge gerade."

Was ist damit? Lügt der Mensch tatsächlich gerade, dann sagt er mit seinem Satz die Wahrheit. Der Satz wäre also falsch.

Lügt er hingegen und spricht seinen Satz aus, würde er die Wahrheit sagen. Also was denn nun?

Ein Paradox oder Paradoxon wird im Plural zu Paradoxe oder Paradoxien. Das Wort stammt, wie so viele, aus dem griechischen ‚parádoxos' und bedeutet ‚unerwartet' oder ‚unglaublich'.

Reisebürosprache

Reiseagenturen sind bekannt dafür, den Reiseort fantastisch bildlich beschreiben zu können.

Problemlos lässt sich hier von einer wahren Kunst sprechen, den Zielort ansprechend zu beschreiben.

Die Codes in den Reisebüro-Katalogen

Ist Ihnen auch schon einmal passiert, dass Sie frohgelaunt am Urlaubsort eintrafen und dann tief enttäuscht über die angebotene Leistung waren?

Lesen Sie die Angaben zum Urlaubsort oder zum gewählten Hotel aufmerksam. Ein kleiner Katalog-Auszug:

So steht es im Katalog:	Und so sieht es in der Realität aus:
200 Meter bis zum Meer	Das Meer ist wohl dort, aber nicht zwangsläufig ein Strand.
Naturstrand	So, wie der Strand von Natur aus ist. Also – keiner pflegt den Strand.
Kieselstrand	Der Strand ist steinig. Barfuß gehen kaum möglich. Gegebenenfalls benötigen Sie auch Badeschuhe, um die ersten Meter im Wasser unbeschadet zu überstehen.
Hotelzimmer mit Meerseite	Das Fenster zeigt in Richtung Meer. Aber das heißt nicht, dass das Meer gesehen werden kann.

Pool ist beheizbar	Muss aber nicht zwangsläufig beheizt sein.
Leihwagen empfohlen	Das Hotel liegt sehr abgelegen. Zu Fuß ist kaum etwas zu erreichen.
Zwanzig Minuten bis zum malerischen Ort xxx	Zwanzig Minuten zu Fuß, mit dem Bus oder mit einem Auto?
Disco im Haus	Auch und speziell abends noch mit großem Lärmaufkommen zu rechnen.
Landestypische Hotelklassifizierung	In der Regel im Vergleich zum Standard unserer Kultur etwas tiefer.
Landestypische Bauweise	Oft hellhörig.
Familienfreundlich	Viele Kinder im Haus, deshalb vor allem tagsüber laut.
Kurzer Transfer vom Flughafen	Hotel liegt in der Nähe der Einflugschneise. Mit hohem Fluglärm ist zu rechnen.
Direktflug	Im Gegensatz zum Nonstopflug gibt es hier mindestens eine Zwischenlandung.

Und sollte es Sie in eine ‚aufstrebende Urlaubsregion' verschlagen, ist nachvollziehbarerweise mit Baulärm zu rechnen.

Inwieweit wurde nun tatsächlich gelogen? Oder entsprechen doch alle Katalogangaben – zumindest rhetorisch – der Kategorie Wahrheit?

Lookism – Das verlogene Schönheitsideal?

Verständlicherweise kann nicht jeder dem gängigen Schönheits-ideal entsprechen. Das Wort Lookism wird für die systematische Diskriminierung von Menschen benutzt, die nicht den vorherr-schenden Schönheitsnormen entsprechen.

Dabei geht es um die Anpassung an das, was von der Gesell-schaft als Schönheitsideal gesehen wird. Das äußert sich in den Wörtern Schön-/Schlankheitswahn oder auch Körperkult.

Hunderte, Tausende, ja vielleicht Hunderttausende in hiesigem Kulturkreis sind unzufrieden mit ihrer Figur.

Schaufensterpuppen tragen Kleidung, die nur ‚Püppchen' tragen können.

Die Medien zeigen das Abbild eines Menschen, den es nur im Ausnahmefall geben mag.

Viele wünschen sich genauso auszusehen. Sie fallen von Diät zu Diät, und fallen dann auf den sogenannten Jo-Jo-Effekt herein. Die Unzufriedenheit steigt. Bald nagt die Frage, ob nicht eine Ab-saugpumpe oder ein Messer helfen kann.

Der Besuch beim Schönheitschirurgen bringt manchmal den ge-wünschten Effekt. Manchmal allerdings auch nicht – und dann ist die Enttäuschung sehr groß.

Die Schönheit herbeilügen

Hunderte, Tausende, ja vielleicht Hunderttausende greifen tag-täglich zu Cremes, Gels oder Tinkturen. Diese Mittel sollen hel-fen, Falten zu verbergen, die Haut jünger aussehen zu lassen, den Menschen positiv zu ändern.

Bei den operativen Eingriffen kann davon ausgegangen werden, dass nicht das Aussehen des Menschen geändert wird, sondern dass der ganze Mensch verändert wird. Es soll ein anderes Wesen aus ihm werden.

Ausgenommen selbstverständlich operative Eingriffe aus gesundheitlichen Gründen!

In Japan soll es junge Menschen geben, die sich die Schienbeine durchtrennen lassen, um sie mit Hilfe einer Art Zwinge, während einer mehrere Wochen dauernden Prozedur, auseinander zu drücken. Erfolg: der Mensch ist einige Millimeter, vielleicht Zentimeter größer als vorher.

Die aufgeführten Beispiele mögen ja nicht schlimm sein, wenn sich jemand ein etwas anderes Outfit zulegen möchte. Kritisch wird es erst dann, wenn die Gesellschaft Menschen benachteiligt, die einem ‚Idealbild' nicht entsprechen.

Demnach: Wer dem Schönheitsideal nicht entspricht, hat mit Nachteilen zu rechnen. Oder anders ausgedrückt: Menschen, die nach den gängigen Idealvorstellungen gewachsen sind, haben deutliche Vorteile.

Hässliche verschwinden von der Bildfläche

Aufgrund des heute üblichen und möglichen Foto-Einsatzes in den sozialen Netzwerken ist zu beobachten, dass sich Menschen, die sich als nicht hübsch oder gar als hässlich betrachten manipulierend auf ihren Fotos, die sie hochladen, darstellen.

Werden Gruppenfotos aufgenommen ist festzustellen, dass diese Menschen vorzugsweise im Hintergrund der Gruppe stehen, um möglichst viel der eigenen Figur zu verbergen.

Im Umkehrschluss heißt das, dass ihre Freunde und Freundinnen nach und nach in den Vordergrund gestellt werden. In Konsequenz bedeutet das, diese sind deutlich präsenter als jene, die sich als ‚unhübsch' einschätzen.

Das ist ein schleichender, nicht ungefährlicher Vorgang, denn der Mensch, der sowieso schon Probleme in seinem Aussehen sieht, versteckt sich nach und nach in der Gesellschaft. Wird es leicht überspitzt ausgedrückt, ist er irgendwann einfach nicht mehr präsent.

Was heißt das für jeden Einzelnen?

Jeder kann dazu beitragen, jeden Menschen gleichermaßen zu behandeln, beziehungsweise ihm oder ihr zu begegnen, wie auch immer er oder sie aussieht.

Im gesellschaftlichen Leben dürfen Menschen nicht ausgegrenzt werden, die aufgrund ihres körperlichen Erscheinungsbilds dem geltenden Schönheitsideal nicht entsprechen.

Nicht vergessen: Auf die inneren Werte kommt es an!

Es liegt in Ihrer Hand, Menschen nicht aus dem sozialen Blickfeld verschwinden zu lassen.

Epilog

Epilog – Zum Ausklang

„Eine egoistische, verlogene Gesellschaft oder ... "

„... ein respektvoller, ehrlicher Umgang miteinander?"

Liebe Leserin, lieber Leser,

auf dem Cover dieses Buches ist eine Figur abgebildet, die offensichtlich gerade lügt. Frech kreuzt sie zwei Finger hinter ihrem Rücken, während sie der anderen Person gegenüber lächelnd und egoistisch die eigenen Vorteile nehmend, die Wahrheit beugt.

Die Menschheit ist seit eh und je raffiniert genug, zu lügen und gleichzeitig unzählige Tricks und Entschuldigungen parat zu halten, um die verbreiteten Lügen notfalls rechtfertigen zu können.

Es sieht so aus, dass sich die Gesellschaft auf diesen scheinbaren Widerspruch geeinigt hat.

Es wurde gezeigt, wie alltägliche Lügen das Miteinander beeinflussen.

Dabei wurde auch betont, dass Lügen manchmal dazu beitragen, eine gute Stimmung zu bewahren oder eine positive Atmosphäre zu erzeugen. Dagegen ist wenig einzuwenden.

Viel verwerflicher sind die sogenannten schwarzen, bösen Lügen, die dem eigenen Vorteil dienen. Die vernichtenden Lügen, die gnadenlos andere schädigen oder die zu langjährigen Leiden führen.

Zumindest solche Lügen sollten nicht toleriert werden. Sie zu unterstützen und den Lügenden zu schützen, ist zumindest fragwürdig.

Nicht zu unterschätzen ist die Beobachtung, dass sogar einige hohe Repräsentanten aus Politik, Wirtschaft, Religion und anderen Bereichen offensichtlich keine Scheu haben, Lügen skrupellos zu verbreiten. Auch dann nicht, wenn sie längst der Lüge überführt wurden.

Es ist Ihre Entscheidung, liebe Leserin, lieber Leser, inwieweit Sie an dem etablierten Lügen-Wahrheit-Zusammensein teilnehmen. Oder doch besser mal zu versuchen, häufiger die Wahrheit zu äußern?

Vielleicht ist das eine Form des gesunden Egoismus …

Ihnen guten Erfolg im weiteren, im ‚wahren' Leben

Horst Hanisch!

Stichwortverzeichnis

Knigge als Synonym und als Namensgeber

Umgang mit Menschen

„Suche weniger selbst zu glänzen,
als andern Gelegenheit zu geben,
sich von vorteilhaften Seiten zu zeigen,
wenn Du gelobt werden und gefallen willst."
Adolph Freiherr Knigge, aus dem Buch „Über den Umgang mit Menschen", 1788
(1752 - 1796)

Adolph Freiherr Knigge

Schon zu seinen Lebzeiten war Adolph Freiherr Knigge (1752 – 1796) umstritten. Knigge setzte sich durch sein energisches Eintreten für die Ziele der Aufklärung, so wie er sie verstand, scharfen Angriffen aus.

Er arbeitete als Romanschriftsteller und Satiriker, sowie als politischer Schriftsteller. Er gehörte den Freimaurern an.

Heute ist Knigge vor allem seines Buches wegen ,Über den Umgang mit Menschen' (1788) bekannt. Und zwar deswegen, weil sein Werk als Etikette-Buch angesehen wird.

Knigge verdankt seinen heutigen Ruf und Erfolg aber einem Missverständnis. Denn: Das Werk Adolph Freiherr Knigges gilt als Etikette-Buch ersten Rangs. Allerdings beschreibt Knigge keine Regeln wie mit Besteck umzugehen ist, oder das Verhalten bei Tisch, stattdessen offenbart er eine praktische Lebensphilosophie im Umgang mit Mitmenschen.

Er gibt Anleitungen und Anregungen, wie mit seinen Mitmenschen richtig umzugehen ist. Knigge hoffte damit, dass die Menschen glücklich und froh miteinander leben könnten.

Sein Buch erschien 1788 und war schon kurze Zeit in fast allen Haushalten zu finden. Über 200 Jahre lang prägte sich sein Buch im Bewusstsein der Leser als praktisches Handbuch über gutes Benehmen ein.

In drei Teilen seines Buches hat Knigge über den Umgang mit verschiedenen Menschengruppen geschrieben, zum Beispiel:

Über den Umgang mit Leuten von verschiedenen Gemütsarten, Temperamenten und Stimmungen des Geistes und des Herzens (Erster Teil, 3. Kapitel)

- Über den Umgang mit Frauenzimmern (Zweiter Teil, 5. Kapitel)

- Über das Verhältnis zwischen Wohltätern und denen, welche Wohltaten empfangen; wie auch unter Lehrern und Schülern, Gläubigern und Schuldnern (Zweiter Teil, 10. Kapitel)

- Über den Umgang mit den Großen der Erde, mit Fürsten, Vornehmen und Reichen (Dritter Teil, 1. Kapitel)

Obwohl es heute klar ist, dass Knigge anderes verfolgte, als wir unter seinem Namen verstehen, soll ‚Knigge' als Synonym für den Bereich stehen, dem sich das vorliegende Buch widmet.

12 Ratgeber in der kleinen Knigge-Reihe

Der kleine ... -Knigge [2100]

Anstands- und Banausen-...
Business- und Kunden-...
Büro- und Kollegen-...
Gäste- und Gastgeber-...
Gesellschafts- und Freunde-...
Outfit- und Stil-...
Interkulturelle- und Auslands-...
Bewerbungs- und Vorstellungs-...
Event- und Feste-...
Gastro- und Tischsitten-...
Speisen- und Exoten-...
Trinkkultur- und Getränke-...

Je 88 Seiten

Das kleine Handbuch der Rhetorik [2100]

Erfolgreich reden „Die Kunst, flott vorzutragen"
Körpersprache einsetzen „Mit Händen und Füßen sprechen"
Gezielt trainieren „Ich will endlich erfolgreich präsentieren!"
Nervosität austricksen „Mir zittern die Knie"
Begeistert überzeugen „Das rhetorische Feuer entfachen"
Unterschwellig manipulieren „Ich kriege dich schon!"
Wahrnehmung verzerren „Ich glaub' nur, was ich sehe."
Einwände entkräften „Das ist doch gar nicht machbar! – Oder doch?"
Gespräche führen „Zielorientierte und zeitsparende Gesprächslenkung"
Meetings leiten „Besprechungen erfolgreich führen"
Geschicktes Nudging „Das versteckte Anschubsen"
Interviews führen „Darf ich Sie mal fragen?"
Je 100 Seiten

Das Märchen der ...

professionellen Argumentation
harmlosen Fragen
sauberen Wahrheit
vertrauenswürdigen Fairness

... in der Rhetorik [2100]
Je 100 Seiten

4 Ratgeber in der Ego-Management-Reihe

Persönlichkeits-Management – Ego-Knigge 2100 Soft Skills, Selbst-Reflexion und Selbst-Bewusstsein

Stress-Management – Ego-Knigge 2100 Lampenfieber, Stressoren, Gerüchte, Mobbing, Burnout, Stressvermeidung

Zeit-Management – Ego-Knigge 2100 Umgang mit der Zeit, Organisation von Arbeitsabläufen, Perfektionismus, Zielsetzung

Gedächtnis-Management – Ego-Knigge 2100 Gehirn, Intelligenz, Schwachsinn – Hochbegabung, Gedächtnis, Lerntechniken.

Jeder Ratgeber 104 Seiten, A5, kartoniert

4 Ratgeber der Reihe Lebenseinstellung

Aberglauben-Knigge 2100 Von schwarzen Katzen, der linken Hand des Teufels und den Glücksbringern

Lügen- und Egoismus-Knigge 2100 Überleben durch Flunkern, Schummeln und Täuschen! Macht, Respekt, Wertschätzung? Lebenslüge und Lebensschutz

Glücks-Knigge 2100 Vom Glücklichsein, positiven Denken und von Freundschaften

Angst- und Optimismus-Knigge 2100 Die Furcht beherrschen, Ängste nutzen und positiv durchs Leben gehen.

Jeder Ratgeber 216 Seiten, A5, kartoniert

3 Ratgeber Bräutigam, Braut und Brautpaar

Bräutigam-Knigge 2100 Verlobung und Polterabend, Schwiegereltern und das Ja-Wort, Hochzeits-Outfit und Hochzeits-Kutsche

Braut-Knigge 2100 Brautkleid und Accessoires, Das große Hochzeitsfest, Höhepunkte und Hochzeitstanz

Brautpaar-Knigge 2100 Historisches und Sonderbares, Planung und Organisation, Aberglaube und Hochzeitsbräuche.

Jeder Ratgeber 104 Seiten, A5, kartoniert

3 Ratgeber Selbst-Coaching

Selbstbewusstsein Knigge 2100 Ich bin, ich kann, ich will. Das eigene Leben bestimmen, Soft Skills, The Winner 1.

Selbstwertgefühl Knigge 2100 Steh auf! Werde aktiv! Zeige Profil! Das eigene Leben beeinflussen, Motivation, The Winner 2.

Selbstoptimierung Knigge 2100 Optimistischer, attraktiver, authentischer. Das eigene Leben gestalten, Ansprüche, The Winner 3.

Jeder Ratgeber 120 Seiten, A5, kartoniert

Leben und Lifestyle

Adam allein auf der Welt Knigge [2100] Ein Buch mit Bildern vom ersten Menschen, seinen Gedanken und seiner Körpersprache, 104 Seiten, A5, ca. 155 Fotos

Jugend-Knigge [2100] Knigge für junge Leute und Berufseinsteiger, 152 Seiten

Alters-Knigge [2100] Abgehängt und abgeschoben? Altersdiskriminierung? Akzeptanz des Älterwerdens!, 152 Seiten

Zukunfts-Knigge [2100] Verfall der Sitten und Verlust der Wertschätzung? Umgangsformen in 100 Jahren. Zusammenleben mit Menschen, Maschinen und menschenähnlichen Robotern, 172 Seiten A5 kartoniert

KI-Knigge [2100] Leben mit der Künstlichen Intelligenz! Veränderungen im realen Umgang?, 196 Seiten A5 kartoniert

Wertschätzung-Knigge [2100] Gleichberechtigung, Gender und Respekt, Sexuelle Orientierung, Umgang bei Diskriminierung und Mobbing, 152 Seiten A5

Hochzeits-Knigge [2100] Hochzeitsbräuche, Geschenke, Brautjungfer, Trauung, Festgäste und Festmahl, 310 Seiten A5

Ü65- und Senioren-Knigge [2100] Die junge Alten und die alten Jungen, Kommunikation und Verständnis zwischen den Generationen, 180 Seiten A5

Blumen-Knigge [2100] Historisches, Mystisches, Festliches, Blumensprache, Umgang mit Blumen-Präsenten, 144 Seiten A5

Bekleidung! Ausdruck der Persönlichkeit – Lukas' Outfit-Knigge [2100], 196 Seiten A5

Nudel-Knigge [2100] Himmlische Teigwaren, 140 Seiten A5

Der Interkulturelle Kompetenz-Knigge [2100] Kultur, Kompetenz, Eindrücke – Gesten, Rituale, Zeitempfinden – Berichte, Tipps, Erlebnisse, 240 Seiten A5

China-Deutschland-Knigge [2100] Chinesen in Deutschland, 104 Seiten A5

Dschungel-Knigge [2100] Umgang in ungewohnter Umgebung, 192 Seiten A5

Von allen guten Geistern verlassen-Knigge [2100], 132 Seiten A5

Der Dicke-Knigge [2100] Aus dem prallen Leben des Dicken, 104 Seiten A5

Typisch Frau – Typisch Mann Knigge [2100] Unterschiede und Gemeinsamkeiten im Umgang mit dem anderen Geschlecht, 128 Seiten A5

Kulinarischer und Gastronomischer Knigge [2100] 284 Seiten A5

Klo- und Pinkel-Knigge [2100] Vom privaten und öffentlichen Bedürfnis - Umgangsformen im Tabu-Bereich, 104 Seiten A5

Alles hat seine Zeit-Knigge [2100] Umgang mit der Zeit, 294 Seite A5

Omi hüpf' mal Märchen meiner Großmutter, Erlebnisse ihre Jugend und wahre Geschichten meines Vaters von und über Omi Rickchen, Hardcover, 312 Seiten

Der Hunde-Knigge [2100] Umgang mit dem Hund – Hundesprache – Der Hund in der Gesellschaft, 180 Seiten A5

Welcome to Germany-Knigge [2100] Umgangsformen, Verhaltensmuster und gesellschaftliches Miteinander im deutschsprachigen Europa, 108 Seiten A5

Besuch willkommen Knigge [2100] Einladung, Gast, Geschenk, Empfang, Feier, Gastfreundschaft, 200 Seiten A5

Leben, Tod und Ansichten Austausch mit Berühmtheiten über Wichtiges und Unwichtiges im Leben, 116 Seiten A5

Last List Leid [2100] Verlogene Welt?, 160 Seiten A5

Mensch Macht Mörder [2100] Verfall der Umgangsformen?, 260 Seiten A5

Tod, Trauer, Totenkult-Knigge [2100] Sterben, Trost, Takt, Bestatten, Tradition, Vorsorge, Tabus, Vergänglichkeit und Sonderbares, 212 Seiten A5

Corona-Knigge [2100] Umgang mit dem Virus, 88 Seiten 12x19, kartoniert

Das kleine Knigge-Quiz [2100] 96 Seiten, 12x19 cm, kartoniert

Leben und Lifestyle

Rhetorik, Soft Skills, Hochschule, Beruf

Rhetorik ist Silber Von den ersten Schritten zu einer perfekten Präsentation, 336 Seiten A5, kartoniert, Zeichnungen

Moderation ist Gold Gesprächsführung, Umfragen, Talkrunden und Manipulation, 274 Seiten A5, kartoniert, Zeichnungen

Lebhafte Körpersprache in Vorträgen, Präsentationen, Gesprächen, 218 Seiten A5, kartoniert, ca. 290 Zeichnungen

Rhetoric – Mastering the Art of Persuasion, 222 Seiten A5, kartoniert

Discussion – Mastering the Skills of Moderation, 192 Seiten A5, kartoniert

Body Language in Europe, 196 Seiten A5, kartoniert, ca. 290 Zeichnungen

Das große Buch der Kommunikation und der Gesprächsführung [2100], 460 Seiten A5, kartoniert, Zeichnungen

Das große Buch der Rhetorik [2100] Tacheles reden; Präsentieren; manipulieren und überzeugen, 452 Seiten A5, kartoniert, viele Darstellungen

Trickreiche Rhetorik [2100] Psychologische Gesprächsführung, manipulierende Darstellung, unaufdringliches Nudging, 448 Seiten A5, kartoniert, Zeichnungen

Körpersprache [2100] **– Lüge, Verrat, Macht**, Im Beruf, vor Gericht, beim Flirt – Gewinnerpose und Demutshaltung; 440 Seiten A5, kartoniert, über 400 Zeichnungen

Soft Skills-Knigge [2100] Soziale, Persönlichkeit, Selbstmanagement, 480 Seiten A5, kartoniert, viele Darstellungen

Schlagfertigkeit-, Spontaneität-, Stegreif-Knigge [2100] Impulsiv handeln, verbale Angriffe kontern, Störungen entwaffnen, 104 Seiten A5

Pitch Skills und Überzeugungs-Knigge [2100] Elevator Pitch, Geldgeber beeindrucken, Feuer versprühen, 128 Seiten A5, kartoniert

Smalltalk-Knigge [2100] Vom kleinen Gespräch bis zum charmanten Flirt - Kontakt ausbauen, Sympathie zeigen, Begehrlichkeit wecken, 100 Seiten A5

Quassel-Knigge [2100] Quasseln, Quatschen, Quengeln oder Lebenswichtige Kommunikation – Gezielt eingesetzte Rhetorik – Aussagekräftiges Profil zeigen, 112 Seiten A5

Die moderne Führungskraft [2100] **Online und Präsenz,** Handbuch für souveräne Vorgesetzte und solche, die es werden wollen, 252 Seiten A5, kartoniert, Zeichnungen

Emotionale Rhetorik im Leben und rund um den Tod [2100] Vielfältige Kommunikation – Fiktiver Interview-Austausch mit Berühmtheiten, 260 Seiten A5

Innere Rhetorik [2100] Zielführende Kommunikation mit sich selbst, 140 Seiten A5

Kriegerische Rhetorik [2100] Sensible Diplomatie, einfühlsame Empathie, 156 Seiten A5

Blumige Rhetorik [2100] Zielführende Kommunikation mit sich selbst, 140 Seiten A5

Alles hat seine Zeit – Knigge [2100] Umgang mit der Zeit, 294 Seiten A5

Hochschul-Knigge [2100] Studentischer Umgang, 132 Seiten A5, kartoniert, Fotos

Jugend-Karriere-Knigge [2100] 224 Seiten A5, kartoniert, Zeichnungen, Checklisten

Bewerbungs-Knigge [2100] **für Frauen – Tina bewirbt sich / Bewerbungs-Knigge** [2100] **für Männer – Tom bewirbt sich,** Vorbereitung, Wahl der Kleidung, Verhalten beim Bewerbungsgespräch, je 128 Seiten A5, kartoniert, Fotos, Checklisten

Online-Bewerbungsgespräche-Knigge [2100] **Vorstellungsgespräche auf Distanz – Tina und Tom bewerben sich digital,** 128 Seiten A5, kartoniert, Zeichnungen

Kreativitäts-Knigge [2100], Visionärhaft denken, Scheuklappen sprengen, Mentales Risiko eingehen, 164 Seiten A5, kartoniert

Team und Typ-Knigge [2100], Ich und Wir, Typen und Charaktere, Team-Entwicklung, 128 Seiten A5, kartoniert, viele Darstellungen

Die flotte Generation Y im 21. Jahrhundert, selbstbewusst – lebensbetonend – flexibel, 116 Seiten A5, kartoniert, Zeichnungen

Die flotte Generation Z im 21. Jahrhundert, entscheidungsfreudig – effizient – eigenverantwortlich, 140 Seiten A5, kartoniert, Zeichnungen

Tele-Meeting [2100], Digitale Konferenz, Online-Unterricht, Homeoffice, 104 Seiten A5, kartoniert

Rhetorik, Soft Skills, Hochschule, Beruf

Englisch:

Beratung, Coaching, Seminar

Wer hat nicht gerne mit Menschen zu tun, die selbstbewusst und selbstsicher mit anderen Menschen umgehen?

Geschäftspartnern, die die elementaren Regeln des ‚Benimms' beherrschen, stehen die Türen zum Erfolg offen.

Unternehmen, die neben ihrer fachlichen Leistung auch ‚menschlich' überzeugen wollen, bieten wir für ihre Mitarbeiterinnen und Mitarbeiter aktives Training im Umgang mit Kunden, Gästen, Kollegen und Gesprächspartnern an.

Auf unserer Website informieren wir Sie über unsere Angebote:

- Firmen-Internes-Training
→ Business-Etikette und das Lehrmenü
→ Präsentieren, Moderieren, Kommunizieren
→ Körpersprache und ihre Geheimnisse
→ Teuflische Rhetorik und das Erkennen manipulativer Aspekte
→ Flottes Reden vor und zu anderen
→ Der erste entscheidende Eindruck
- Interkulturelles Training
→ Umgang mit Menschen anderer Kulturen

- Intensiv-Training für
→ TV-Auftritte
→ Vorträge
→ Präsentationen
→ Reden
- Fachliteratur und journalistische Beiträge
- Vorträge/Speaker
→ Vor kleinem und vor großem Publikum
- Workshops
→ Soft Skills
→ Team-Training

Individuelles Coaching für Einzelpersonen: Wer es ganz individuell mag, greift zurück auf ein Einzel-Coaching, auch als Online-Coaching. Hier werden ganz persönliche Herausforderungen angegangen, mit Themen wie:

→ Erscheinungsbild – Der Erste Eindruck
→ Selbstsicheres und authentisches Auftreten
→ Persönlichkeitsentfaltung
→ Bewerbungstraining
→ Rhetorik und Überzeugungskraft

→ Erfolgreiche Verhandlungsführung
→ Kommunikation und Konfliktbewältigung
→ Präsentations-Techniken und Moderation
→ Interkulturelle Kompetenz

und andere Themen – direkt auf die besonderen Bedürfnisse des Einzelnen zugeschnitten. Besuchen Sie uns auf www.knigge-seminare.de